U0144405

實用歷史叢書

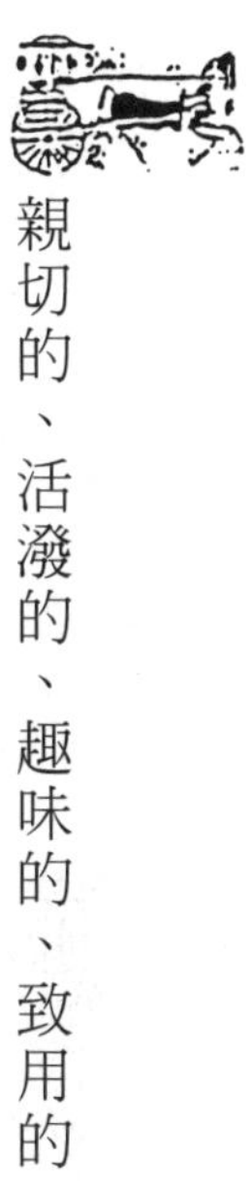

親切的、活潑的、趣味的、致用的

遠流出版公司

本書中文繁體字版由上海文化出版社獨家授權

天朝墜落的18個瞬間

原著作名——落霞：中華文明落後於西方的18個瞬間
原出版者——上海文化出版社
作　　者——吳　燕
責任編輯——陳穗錚
發 行 人——王榮文
出版發行——遠流出版事業股份有限公司
台北市10084南昌路2段81號6樓
電話／2392-6899　傳真／2392-6658
郵撥／0189456-1
著作權顧問——蕭雄淋律師
2016年 1 月 1 日　初版一刷
行政院新聞局局版台業字第1295號
售價新台幣 350 元　（缺頁或破損的書，請寄回更換）
有著作權・侵害必究　Printed in Taiwan
ISBN 978-957-32-7747-7
YLib 遠流博識網
http://www.ylib.com　E-mail:ylib@ylib.com

實用歷史叢書

天朝墜落的18個瞬間

《實用歷史叢書》

出版緣起

王榮文

・歷史就是大個案

《實用歷史叢書》的基本概念，就是想把人類歷史當做一個（或無數個）大個案來看待。

本來，「個案研究方法」的精神，正是因為相信「智慧不可歸納條陳」，所以要學習者親自接近事實，自行尋找「經驗的教訓」。

經驗到底是教訓還是限制？歷史究竟是啟蒙還是成見？——或者說，歷史經驗有什麼用？可不可用？——一直也就是聚訟紛紜的大疑問，但在我們的「個案」概念下，叢書名稱中的「歷史」，與蘭克（Ranke）名言「歷史學家除了描寫事實『一如其發生之情況』外，再無其他目標」中所指的史學研究活動，大抵是不相涉的。在這裡，我們更接近於把歷史當做人間社會情境體悟的材料，或者說，我們把歷史（或某一組歷史陳述）當做「媒介」。

・從過去了解現在

為什麼要這樣做？因為我們對一切歷史情境（milieu）感到好奇，我們想浸淫在某個時代的思考環境來體會另一個人的限制與突破，因而對現時世界有一種新的想像。

通過了解歷史人物的處境與方案，我們找到了另一種智力上的樂趣，也許化做通俗的例子我們可以問：「如果拿破崙擔任遠東百貨公司總經理，他會怎麼做？」或「如果諸葛亮主持自立報系，他會和兩大報紙持哪一種和與戰的關係？」

從過去了解現在，我們並不真正尋找「重複的歷史」，我們也不尋找絕對的或相對的情境近似性。「歷史個案」的概念，比較接近情境的演練，因為一個成熟的思考者預先暴露在眾多的「經驗」裡，自行發展出一組對應的策略，因而就有了「教育」的功能。

・從現在了解過去

就像費夫爾（L. Febvre）說的，歷史其實是根據活人的需要向死人索求答案，在歷史理解中，現在與過去一向是糾纏不清的。

在這一個圍城之日，史家陳寅恪在倉皇逃死之際，取一巾箱坊本《建炎以來繫年要錄》，抱持誦讀，讀到汴京圍困屈降諸卷，淪城之日，謠言與烽火同時流竄；陳氏取當日身歷目睹之事與史實印證，不覺汗流浹背，覺得生平讀史從無如此親切有味之快感。

觀察並分析我們「現在的景觀」，正是提供我們一種了解過去的視野。歷史做為一種智性活動，也在這裡得到新的可能和活力。

如果我們在新的現時經驗中，取得新的了解過去的基礎，像一位作家寫《商用廿五史》，用企業組織的經驗，重新理解每一個朝代「經營組織」（即朝廷）的任務、使命、環境與對策，竟然就呈現一個新的景觀，證明這條路另有強大的生命力。

我們刻意選擇了《實用歷史叢書》的路，正是因為我們感覺到它的潛力。我們知道，標新並不見得有力量，然而立異卻不見得沒收穫；刻意塑造一個「求異」之路，就是想移動認知的軸心，給我們自己一些異端的空間，因而使歷史閱讀活動增添了親切的、活潑的、趣味的、致用的「新歷史之旅」。

你是一個歷史的嗜讀者或思索者嗎？你是一位專業的或業餘的歷史家嗎？你願意給自己一個偏離正軌的樂趣嗎？請走入這個叢書開放的大門。

前言

秋天來了。

幾次冷空氣過後，北方變得涼快起來。某個雨後的傍晚，站在窗邊時忽然意識到往日裡熱鬧異常的蟬鳴消失不見了，只有蟋蟀的叫聲在空氣裡飄散，單調，落寞，冷清。蟬聲就像秋葉，忽然在人們注意不到的某一天就鬧上枝頭，又在人們意識不到的某一天悄然退場，留下一季的記憶和關於下一個季節的許多盼望。

一葉知秋。

但是幾乎沒有人會知道某一個秋天的第一片秋葉究竟是何時落下的，就像幾乎沒有人了解蟬鳴究竟是在哪一天消逝，又在哪一天響起。在我看來，歷史的情形大抵相仿。

時間流逝，歷史過往，就像一座從古至今一直延伸著的舞台，承載著太多燈火輝煌與繁華散盡，交織著太多掌聲喝采與黯然離場，顯赫、聲名、悲壯、榮光、淒然、清冷，如此種種雜糅一處，令浸沉於其中的人著迷。那些人、那些事像秋葉，標記著關於季節的訊息，也許我們很難說究竟誰是秋天的第一片落葉，但卻可以從第二片、第三片落葉中嗅到些秋天的氣息。

我們曾有熱愛科學的君主——康熙大帝，當法國國王路易十四（Louis XIV）沉醉於舞蹈以致因練舞過度而暈倒時，康熙則在向傳教士學習如何使用天文儀器；但是時光流轉，當光學望遠鏡向西方的天文學家呈現更廣闊的夜空時，大清國的欽天監官員所使用的依然是沒有透鏡的天文儀器。

十八世紀中國的《皇輿全覽圖》曾被李約瑟（Noel Joseph Terence Montgomery Needham）評價為「不但是亞洲所有地圖中最好的一幅，而且比當時所有歐洲地圖都更好，更精確」。然而，當這份地圖在法國出版並成為法國人了解中國的一扇窗口的時候，在大清國，它卻多年處於嚴格保密的狀態，作為密件深藏於皇宮，沒有進入內廷資格的人根本無緣一睹。

一八四〇年，當大清帝國的士兵不得不以大刀長矛對決洋槍洋砲時，戰爭的結局似乎是不言而喻的。早在二百年前，歐洲就已經進入火器時代。而十九世紀的歐洲資產階級革命，則為新式武器在戰鬥中的資質蓋上了合格的印鑒。然而，最早發明了火藥的古老帝國卻依然流連於冷兵器時代。

當中國人自己研製的第一艘蒸汽輪船成功下水，洋務派代表人物曾國藩曾歎曰：「洋人之智巧，我中國人亦能為之」，但是當蒸汽動力、船運交通縮短了世界的距離的時候，中國的「黃鵠」號輪船卻長期擱置於碼頭，在年深日久的浸泡中漸漸銷蝕，漸漸腐朽。

一水之隔的日本以教育改革與軍事改革而走上了富國強兵甚至軍事擴張的道路，相反地，大清國的官派留學生們卻在剛剛領略過外面世界的精采之後便被匆匆召回，而三十年的洋務運動則在一場殘酷的戰爭中化為泡影。

……

十八個瞬間就像十八片秋葉，當它們從歷史這棵樹上靜靜飄落，秋色便又濃了一分。它們未必是秋天的第一片落葉，但當我們靜靜地翻閱這十八個瞬間，卻分明從那裡感受到了秋天的頹敗，察覺到冬天的顏色。

面對歷史，能做的並不僅僅是扼腕痛惜，就好像走在秋天並不只有落寞傷感。每一次慘敗之後都會有痛定思痛的清醒，每一座廢墟上都會生長出春風吹又生的希望。所以我們需要回首歷史，定格瞬間。

回首，不是為了懷舊，而是為了銘記與反思。歷史已經過去了百年，當中華民族已經走上偉大復興之路時，這種銘記與反思無疑是我們最需要的，因為悠遠的歷史、古老的文明，原本就是成就未來的財富。

目錄

第二篇　騰飛與蹣跚

第四篇　無奈的學習

天朝墜落的18個瞬間

吳燕 編著

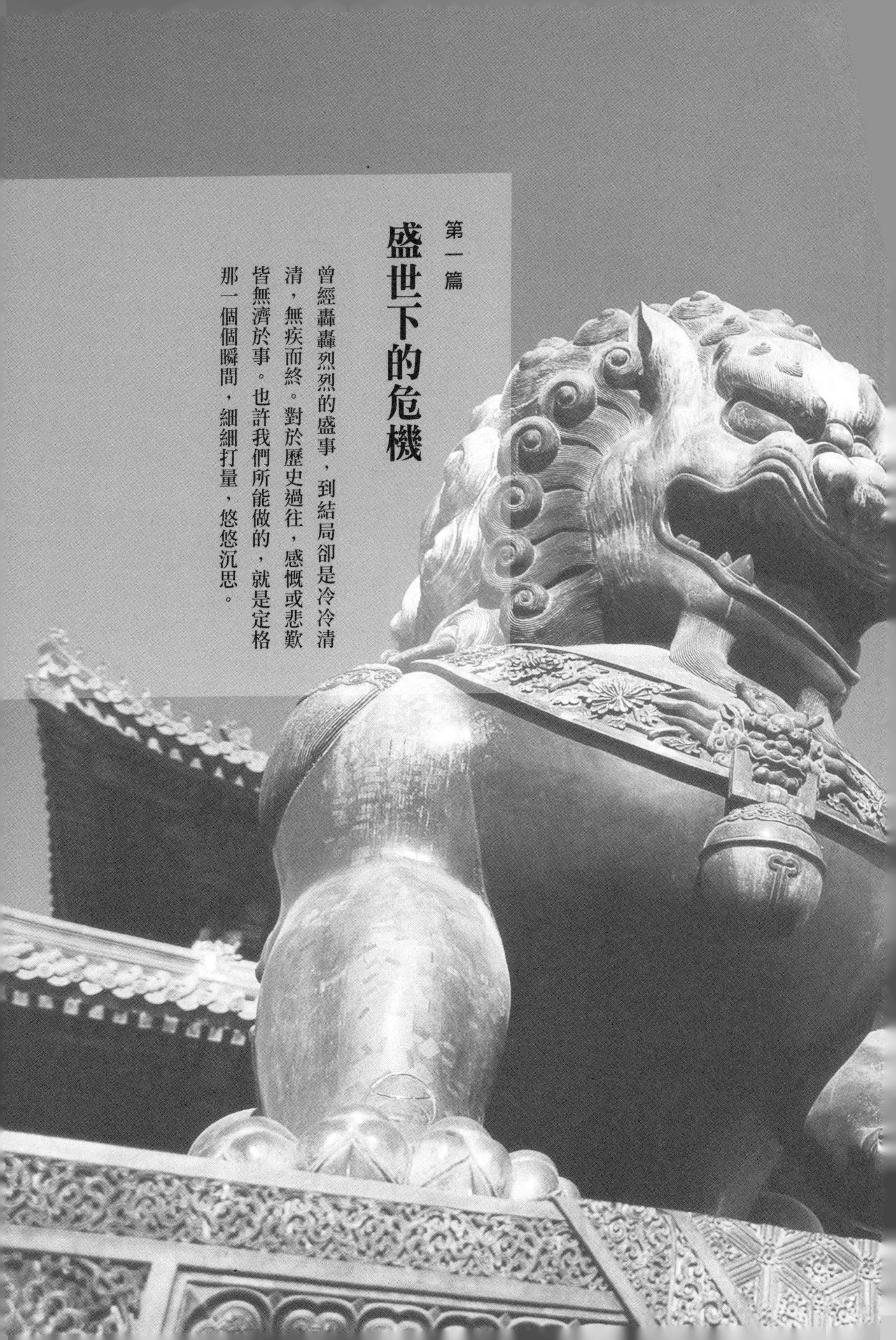

第一篇

盛世下的危機

曾經轟轟烈烈的盛事，到結局卻是冷冷清清，無疾而終。對於歷史過往，感慨或悲歎皆無濟於事。也許我們所能做的，就是定格那一個個瞬間，細細打量，悠悠沉思。

「巨龍」和「太陽」的相遇
康熙皇帝與路易十四

西元一六八八年
清康熙二十七年

西元一六八八年十一月二十八日，大清康熙二十七年十一月初六。

對於生活在京城的老百姓來說，這也許只是他們年復一年的生活中普普通通的一天——事實上，對於這些生活在天子腳下皇城根的人們來說，即使有再大的事發生，大概也只會在閒聊中一笑而過。但正是在這樣一個普通的日子，紫禁城來了一群不太普通的客人。

客人來自遙遠的法蘭西。他們是法國國王路易十四（Louis XIV）派到中國的「國王數學家」（"King's mathematicians"）。就在這一天，康熙皇帝在紫禁城裡召見了他們。

正逢盛世的法國與中國，於是以這種方式在東方相遇。

愛芭蕾的國王與愛科學的皇帝

十七世紀和十八世紀之交，在人類歷史上是一個輝煌與燦爛的時代，舊的封建時代達到了又一個高峰，而新的資產階級時代也已展露出初升的曙光。在這個充滿激烈變革的時代，在歐亞大陸上的東西兩端，同時屹立著兩位偉大的君王——法國的路易十四和中國的康熙皇帝。如果比較一下他們的經歷，你就不能不感歎歷史的造化之神奇，因為他們的經歷竟然如此相似——同樣都是幼年登基，同樣都有雄才大略，在位的時間同樣都很長，也同樣都在歷史上締造了一個屬於自己的偉大時代。

一六三八年九月五日，路易十四誕生於法國巴黎西郊的聖日爾曼昂萊城堡（Château de Saint-Germain-en-Laye）。一六四三年，當他繼任法蘭西國王時，他還只是個五歲的孩子。在那之後直到一七一五年其生日前四天去世為止，他一直是法蘭西的統治者，為時長達七十餘年。在近代歐洲歷史上，再也找不到另一位在位這麼久的君主了。這段時間是法國專制制度的極盛時期。在他的統治下，法國一度稱霸歐洲，伏爾泰（Voltaire）曾把這個時期稱為「路易十四世紀」（“Le siècle de Louis XIV”）。

路易十四喜歡以太陽自比。在他大興土木建造的凡爾賽宮（Château de Versailles）裡，所有的人都稱他為「太陽王」（“le Roi Soleil”）。在路易十四生活的時代，儘管日心說（Heliocentrism）早已提出百餘年，但是由於種種原因，人們所普遍接受的仍然是地心說（Geocentrism）。在這樣的背景之下，路易十四自比太陽，倒是一個很有意思的現象了。

不過，路易十四對科學並沒有什麼興趣。有一次，他讓科學家為全國測繪地圖，結果比原來以為的小，路易十四很生氣地說：「我的科學家比我的敵人讓我失去了更多領土。」與此形成鮮明對照的是，路易十四酷愛芭蕾舞，這也許是因為法蘭西這片土地與生俱來的浪漫與藝術的氣質吧。在一次宮廷芭蕾舞劇的表演中，路易十四親自扮演了太陽神阿波羅（Apollō）。據說，路易十四曾先後出現在二十一部芭蕾舞劇之中，有位朝臣甚至擔心他會因為過度練功而病倒。

與愛好芭蕾的路易十四形成有趣對照的，是與其處於同一時代統治東方的君主康熙皇帝玄燁。同路易十四一樣，當康熙即位時，他也只是一個八歲的孩子。在其在位的六十一年時間裡，康熙平定「三藩」、統一臺灣、治理漕運，厲精圖治，開創了東方的一代「盛世」。與路易十四相比，堪稱一時瑜亮。

不過，與路易十四不同的是，康熙是一位熱愛科學的皇帝。這份熱愛起源於一樁不大不小的學術公案。

一六六四年（康熙三年），清朝皇家天文機構欽天監裡的一名官員楊光先給朝廷上書，狀告其頂頭上司——當時擔任欽天監監正的德國傳教士湯若望（Johann Adam Schall von Bell）及其制定的新曆法《時憲曆》。楊光先指責湯若望的《時憲曆》只編了二百年，豈不是詛咒大清王朝短祚？他還堅持，天朝大國應該用祖宗傳下來的「堯舜之曆」，甚至聲稱「寧可使中夏無好曆法，不可使中夏有西洋人」。

為了驗證中西曆法的優劣，楊光先和湯若望在故宮午門之前當眾賭測日影。無奈，朝廷的九卿中無一人知道其中的奧祕，這場學術爭論最終演變成為政治鬥爭。由於輔政大臣鼇拜等支持楊光先

太陽王的標誌。路易十四喜歡以太陽自比，時人稱他為「太陽王」。

酷愛芭蕾舞的路易十四的太陽神扮相

法國國王路易十四畫像

康熙帝便服寫字像。一個好學勤政的帝王形象昭然若揭，屏風上的墨龍和地毯編織的龍紋都是中國皇帝的尊貴象徵。

，湯若望被判入獄。直到一六六九年（康熙八年）康熙親政後，才為這樁學術公案平反。

年幼的康熙目睹了這場鬥爭。他雖然還只是十幾歲的少年，但卻並不願意輕易相信其中的任何一方，而是情願親自動手來試一試。為了能夠「斷人之是非」，康熙開始努力學習科學。曆法之爭最終以西洋曆法勝出告終，而康熙皇帝對西法的一腔熱情也由此開始，一發而不可收。

東西目光的對接

一六八七年，一本名為《中國哲學家孔子》（*Confucius Sinarum Philosophus*）的著作在巴黎出版❶。次年，葡萄牙傳教士安文思（Gabriel de Magalhães）所著《新中國史》法文、英文譯本❷出版（其最初的葡萄牙文版手稿 *Doze excelências da China* 已失傳）。在這本書裡，作者以細緻入微的文字將一個古老的中國栩栩如生地呈現在歐洲讀者面前。在〈京城〉這一章裡，作者的筆如同攝像機的鏡頭，從皇宮南門（也就是今天的天安門）出發，穿過一道道宮門，使讀者對紫禁城的全景一覽無遺。

這兩本書在歐洲產生的影響是巨大的。據說一六八七年十二月，偉大的德國哲學家萊布尼茨（Gottfried Wilhelm Leibniz）在法蘭克福的聰納爾書店（J. D. Zunner）看到了《中國哲學家孔子》。不知道他當時是否買下了這本書，不過他顯然對孔夫子的思想頗有興趣。他後來曾寫道，中國古代歷史記載的最早時代與《聖經》中的大洪水時代極其接近。他還對孔子的《論語》中的道德價值和文學價值做了評論：「他經常使用比喻手法。例如他說，只有在冬天人們才會知道哪些樹四季常青❸，同樣地，所有人在平靜、快樂的時候看上去都是一樣的，但在危險和動盪的時候，人們卻能認識到有美德、有信義的人。」

德國數學家、哲學家萊布尼茨

也許就是由此開始，萊布尼茨對這個產生了孔夫子的古老國家也產生了興趣，在接下來的一六八八年裡，他探訪從中國傳道歸來的天主教士，與在中國的傳教士書信往來，期望有一天能與中國人進行一場偉大的「精神交流」。

「國王數學家」成了皇帝的洋老師

交流在一六八八年成為現實。當年二月，受路易十四指派，洪若翰（Jean de Fontaney）、張誠（Jean-François Gerbillon）、白晉（Joachim Bouvet）、李明（Louis Le Comte）、劉應（Claude de Visdelou）等五位耶穌會士以法國「國王數學家」的身分來華，經過三年的跋涉後終於抵達北京。

他們的到來得到了康熙皇帝的熱誠歡迎。張誠和白晉還被留在宮中，成了康熙的科學老師。一六九三年（康熙三十二年），康熙患瘧疾時，洪若翰、劉應以奎寧治好了他的病。這不僅引發了康熙對西洋醫學的興趣，更使這些國王數學家贏得了康熙的信任。在病癒後，康熙下旨將原輔政大臣蘇克薩哈的府邸及附近一塊地方賜給了他們，作為其寓所及建立天主堂之用。他甚至還命白晉返歐，招募新的傳教士來華服務。

洋老師們教給康熙的知識自然與傳統的帝師們不同，不是四書五經之類的治國安邦之道，而是西方文藝復興（Renaissance）以來的自然科學和人文科學。康熙曾在長達兩年的時間裡投入到數學的學習中，還很有興致地學習西洋樂理。

作為「國王數學家」之一的白晉在回國後呈送給路易十四的奏章中，曾詳細描述了這位東方古老帝國的皇帝是如何利用一切機會學習近代科學的。

> 皇上認真聽講，反覆練習，親手繪圖，對不懂的地方立刻提出問題，就這樣整整幾個小時和我們在一起學習。然後把文稿留在身邊，在內室裡反覆閱讀。同時，皇上還經常練習運算和儀器的用法，復習歐幾里德（Euclid）的主要定律，並努力記住其推理過程。這樣學習了五六個月，康熙皇帝精通了幾何學原理，取得了很大進步，以至一看到某個定律的幾何圖形，就能立即想到這個定律及其證明。有一天皇上說，他打算把這些定律從頭至尾閱讀十二遍以上。

康熙皇帝是如此勤奮，即使前一天工作到深夜，第二天早晨也一定起得很早。洋老師們已然十分注意要早些進宮謁見皇帝，但仍有好幾次在他們動身以前，康熙就已傳旨令其進宮。有時這只是

康熙召見法國傳教士

康熙正在向西方傳教士學習天文儀器的使用方法

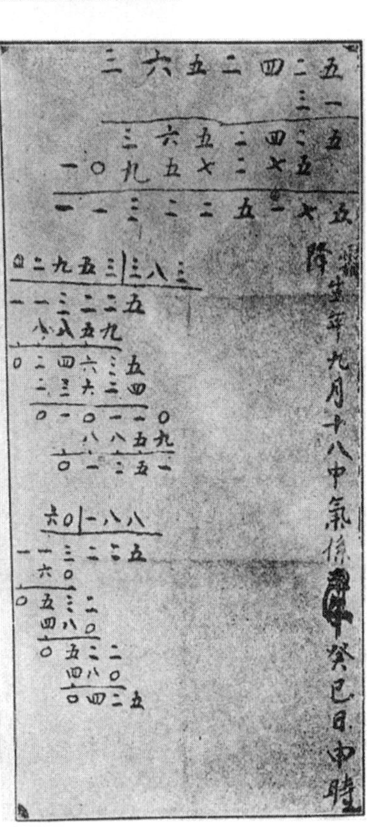

康熙做過的數學習題

為了讓洋老師們審閱他在前一天晚上所做的算術題，因為每當學習到幾何學中最有價值的知識時，康熙總是懷著濃厚的興趣，把這些知識應用於實際，並練習數學儀器的操作。

比起對數學的熱情，康熙對天文儀器的興趣更甚。國王數學家們來華時曾帶來兩件天文儀器，這是由法國科學院（Académie des sciences）發明的，可以用來觀測日食和月食，還可識別幾個世紀以來每天都在不斷變化的行星的狀態。康熙不但要求洋老師們根據中國曆法來說明這兩種儀器的用途和用法，並下令把它們搬進自己的內室，安放在御座的兩旁。康熙十分喜愛傳教士們呈獻的一種大半圓儀，不僅在御花園中經常使用，而且在巡幸時也常常讓內廷官員背著這件沉重的儀器，帶到自己所去的地方。

康熙對西洋科學的喜愛甚至從其臣下們的行為中也能反映出來。當時朝廷的許多王公大臣知道皇上對這些來自歐洲的儀器十分喜愛，便向傳教士們索取。在他們看來，只有獻給皇上兩三種這樣的儀器，才能取悅聖心。

連接東西方的紐帶

這是十七世紀八〇年代末，距離新世紀的到來只有所剩不多的十餘年。當國王數學家們從遙遠的法蘭西來到古老的中國時，這些博學的耶穌會士不僅成了康熙學習西洋科學的老師，更重要的是，他們正如一條紐帶，將兩個正逢盛世的國家聯繫在了一起，也讓兩位不同文化背景的君主有了相互了解的管道。

在當時皇宮裡的許多人看來，康熙除了一些公開場合之外，似乎與人並不太親近，所以對於康熙給予洋老師們的特殊待遇頗感驚訝。當時，康熙每天都會和這些遠道而來的洋老師們待在一起達一兩個小時，其間只有兩三名宦官陪侍。他親自向這些洋老師們垂詢有關西洋科學、西歐各國的風俗和傳聞以及其他各種問題。為了方便，康熙讓洋老師們坐在置放御座的壇上，而且一定要坐在御座的兩旁。在當時，這般特殊的禮遇除了皇子之外還不曾有誰享受過。

這些遠道而來的洋老師們最願意對康熙談起關於法王路易十四的話題；同時，在洋老師們的印象中，康熙最喜歡聽的也是這個話題。不知道在他的心裡，是否有過和這位西方的雄主一較高下的念頭呢？

就在國王數學家們受到康熙皇帝接見的前一年——一六八七年，英國人牛頓（Isaac Newton）發表了《自然哲學的數學原理》（*Philosophiæ Naturalis Principia Mathematica*）。這是近代科學發展進程中一部劃時代的著作，開啟了近代科學的輝煌年代。愛芭蕾的路易十四與愛科學的康熙皇帝，正是在這個時候一同站到了近代科學的起跑線上。然而，比賽的結果並不是一個人的興趣就能決定的。

在近代科學的起跑線上

康熙帝讀書像

在這張畫像中，路易十四持劍而立，似乎並無多少帝王的威嚴。不知康熙皇帝聽了傳教士們的描述後，心目中會有一個什麼形象的法國國王。

就在康熙皇帝召見法國傳教士的前一年，人類歷史上的劃時代巨著《自然哲學的數學原理》出版，牛頓揭開了科學革命的序幕。

當康熙皇帝著迷於西洋科學之時，路易十四也一如既往地在他的宮廷裡練習芭蕾舞，與王公大臣們談論藝術。不過，正是在路易十四統治時期，法國的科學與學術得到了最有力的支持。

早在一六六六年，法國即創立了皇家科學院（Académie royale des sciences）和羅馬的法蘭西學院（Académie de France à Rome），一六六七年又興建了巴黎天文台（Observatoire de Paris）。一七〇〇年，路易十四委派圖爾納福爾（Joseph Pitton de Tournefort）前往地中海東岸地區採集各種花卉草木，這些植物使一度荒蕪廢棄的王家花園花木叢生，成為歐洲名副其實的珍奇植物寶庫。皇家圖書館原來已有大量藏書，在路易十四在位期間又增添了三萬多冊。路易十四重新開辦了關門已達百年之久的法律學校，並在法國每所大學裡安排一名教授法律的教師。他還專門設置了一個負責國王建築物的總監職位，其職責之一就是發放國王對文學藝術的資助。從一六六四年起一直到一六九〇年，每年平均有四十二人領取國王的年金。這些年金享受者有詩人、歷史學家、地理學家、數學家、物理學家、天文學家，而且既有法國人，也有其他國家的人。君王資助作家或研究人員並不是第一次，但獎金如此之多、如此有規律、持續時間如此之長，這還是第一次，它為路易十四和法國贏得了全世界讚賞的目光。

路易十四的時代無疑是科學與藝術的盛世。伏爾泰在《路易十四時代》（*Le Siècle de Louis XIV*）中曾這樣寫道：「當時正是幾何學的黃金時代。數學家之間經常相互挑戰，即互送題目給對方解答，差不多同當年埃及和亞洲的君主一樣。聽說他們之間時常互送謎語讓對方猜。數學家相互出的數學題要比謎語難得多，但在德國、英國、義大利和法國沒有一道題目沒有解出。各國哲學家之間的通訊聯繫從來沒有像當時那樣廣泛。萊布尼茨在其中起了推動作用。雖然戰爭此起彼伏，宗教信仰互不相同，但已經在歐洲無形之中建立了一個文化知識的共和國。在各門科學、各種藝術的領域中，各國之間因此得以互相幫助。各類科學院是這一共和國的組成部分。義大利和俄國有文字之交。英國人、德國人、法國人都到萊登（Leiden）去學習。至於名醫布爾哈夫（Herman Boerhaave），教皇和沙皇都請他診病。他最優秀的學生因而吸引很多外國人，並在一定程度上成為馳譽各國的醫生。各種學科的真正的學者加強了這一大規模的有才智的人物的聯繫交往。這種聯繫交往遍及各地，沒有在任何地方受到約束，並一直延續到現在。這是對飽嘗野心和政治在這世界上播下的種種痛苦的人的一種慰藉吧！」

對科學而言，那則是一個不再相信奇跡的年代、一個新舊交替如此迅速的年代。「人們拋棄一切舊體系，對真正的物理學的各部分逐漸有了認識。研究化學既不尋求煉金術，也不尋求延年益壽到自然限度以外的辦法。研究天文學不再預言世事變遷。醫學與月亮的盈蝕不再相干。人們看到這些，感到驚奇。腐敗變質的現象不再是動植物之母。人們對大自然有了進一步的認識，世界上就不再存在什麼奇跡。人們通過研究大自然的一切產物來對大自然進行研究。」

在地球的另一端，中國也開展了一些近代科學活動。康熙皇帝曾經制定過一項計畫，意在把西歐的自然科學移植到中國來，使之在全國各地普及。他讓洋老師們將為他授課的講稿由滿語譯成漢語，並親自執筆撰寫序文。一七一三年（康熙五十二年），在張誠和白晉的建議下，康熙在暢春園蒙養齋創建了算學館，其任務是專門從事天文觀測，以及編纂《曆象考成》、《數理精蘊》等大型曆算著作。康熙在位期間完成的另一項重大科學工程則是繪製《皇輿全覽圖》。科技史專家李約瑟（Joseph Needham）曾評價這部地圖「不但是亞洲所有地圖中最好的一幅，而且比當時所有歐洲地圖都更好，更精確」。毫無疑問，在康熙時代，中國的科學活動達到了一個前所未有的高度。

截然不同的道路

當歷史又邁過了三百多年之後，我們才驀然發現，在路易十四和康熙皇帝的「盛世」之後，法國和中國卻走向了截然不同的道路。

在路易十四之後，法國的啟蒙運動（Siècle des Lumières）勃興，伏爾泰、盧梭（Jean-Jacques Rousseau）等思想家的大名在整個法國家喻戶曉。隨之而來的，是法國的國勢蒸蒸日上。到十八世紀末，法國已經成為歐洲大陸上最發達的國家，並且成為頭等的殖民強國。在這一時代，巴黎不僅是法國的中心，更是「歐洲無可爭議的知識之都」。不僅全法國有思想、有學識、有才華的人聚集於路易十四創立的那些科學機構周圍，國外的優秀人才們也對這片土地充滿嚮往，而法國則竭力挽留、吸收最優秀的人，這種情況一直持續到法國大革命時期。

當那片培育著科學與藝術的土壤在法蘭西漸漸成熟的時候，在大清帝國，歷史的軌跡卻是另外一個樣子。一個人的興趣並不足以影響一個國家的環境，即使他貴為一國之君。隨著康熙這位熱愛科學的皇帝的駕崩，他所宣導的那些科學活動最終悄無聲息地收場了。一度被外國人認為是「中國

路易十四在凡爾賽宮打撞球。無論從哪個方面看，他本人都不夠熱愛科學，不過作為法國的最高統治者，他卻對科學的發展提供了足夠的支持。

路易十四雖然不見得熱愛科學，但他開創了一個科學昌明的「路易十四時代」。圖為一位科學家正在向衆人演示一項科學實驗。

在宏偉的王宮前，路易十四正在舉行盛大的慶典。騎兵和步兵演變著方陣，接受國王和圍觀者的檢閱。此時的巴黎，不僅是法國的中心，更是「歐洲無可爭議的知識之都」。

康熙帝出巡圖。康熙被譽為中國歷史上難得一見的英明君主，他在位六十一年，開創了國富民安的太平盛世。

康熙的「育德勤民」檀香木璽

的科學院」的「蒙養齋算學館」，並沒有發展成為一個科學機構，而是以不了了之告終。《皇輿全覽圖》所使用的測繪方法也沒有流傳下來，以致到乾隆時代再進行測繪工作時，仍然不得不請耶穌會士做指導。那些康熙皇帝已經熟練掌握的西方科學知識，在上百年後仍然未能廣為傳播，即使它們對康熙有過一定的影響，但是對中國社會發展的影響就微乎其微了。在康熙之後的數百年裡，中國仍然在封建主義的遲暮中步履蹣跚。

歷史從來不能夠假設。當我們企圖探究中國何以未能像法國那樣走向近代國家時，其實也就陷入了一種困境。或許這樣的追問根本就不會有答案，然而當我們回首過去的歲月，也許卻可以把某些事看得更清楚。

同為盛世，卻有著太多的不同，就好像朝陽與落日同樣輝煌，但一個正在升起，而另一個則正在落下。

編註

❶作者為比利時來華耶穌會士柏應理（Philippe Couplet）。這本書使孔子及其學說在歐洲廣泛傳播，對十七世紀的歐洲思想界和學術界產生了深遠的影響。

❷法文版名為*Nouvelle relation de la Chine, contenant la description des particularités les plus considérables de ce grand empire*，英文版則為*A New History of China, containing a description of the most considerable particulars of that vast empire*。

❸見《論語・子罕》：「歲寒然後知松柏之後彫也。」

科學的不同命運

蒙養齋算學館與法國科學院

西元一七一三年
清康熙五十二年

一七一三年是中國學術史上值得一寫的年分，因為就在這一年，康熙皇帝發布聖諭，由皇三子胤祉組織，在蒙養齋設立「蒙養齋算學館」。它是康熙受法國科學院的啟發而設立的，因此被不少西方學者稱為「中國的科學院」。然而短短幾十年後，曾經熱鬧一時的蒙養齋算學館，卻悄無聲息地關閉了。

那是近代科學掙脫種種束縛而迅猛成長的年代，科學社團如雨後春筍般不斷湧現。法國皇家科學院就是那個時代最輝煌的科學團體之一。當蒙養齋算學館無疾而終之時，法國科學院卻一路蓬勃生長開花結果，時至今日，它仍然生機勃勃。

相似的年代，迥異的命運，那是歷史這部大書裡無法輕易翻過的一頁。那一頁上，究竟寫了些什麼呢？

科學團體崛起的年代

康熙皇帝在位時期，正是科學團體在歐洲各國萌芽初現的年代。隨著近代科學的誕生，一大批學者開始將自己的目光投向自然，書本不再是他們眼中的全部，自然才是他們觀察與思考的處所。研究活動的不斷增加，使得學者們迫切需要相互交流和探討。此時，科學團體應運而生了。

現在公認最早的科學團體是十七世紀初期鼎盛於義大利羅馬的山貓學會（Academia dei Lincei）。這是一個非正規組織，一群志同道合者經常聚集在一起，談論自然哲學問題。他們自詡有著如山貓一樣敏銳的眼睛，於是便有了「山貓學會」這個名字，他們為自己的學會設計的標誌則是一隻向上翻眼的山貓正以其爪撕扯冥府間的狗。學會會員們除了經常聚會，還努力嘗試建立自己的博物館、圖書館、實驗室、植物園和印刷所。

值得一提的是，大名鼎鼎的伽利略（Galileo Galilei）正是這個學會的第六位會員。他曾向學會贈送了一架自己製作的顯微鏡，並由學會出版了他的某些著作。

山貓學會是在羅馬王子崔西（Federico Cesi）的資助下才得以成立的。這位王子喜好搜集各種動植物，還擁有一座植物園。而到一六三〇年的時候，隨著這位資助人的辭世，山貓學會就結束運作了。

不久，另一個類似的組織「實驗學會」（Accademia del Cimento）在佛羅倫斯成立。它是由

歷史上最早的科學團體「山貓學會」的標誌

英國「皇家學會」的首任會長布朗克勳爵（William Brouncker，左）和哲學家法蘭西斯．培根（Francis Bacon，右）正在為該會的庇護者查理二世（拉丁文 CAROLVS II）的胸像加冕。

一六四〇年時的伽利略，這位近代科學的奠基人也是「山貓學會」的會員。

義大利梅迪奇家族（Medici）的大公爵費迪南二世（Grand Duke Ferdinando II）之弟利奧波德（Principe Leopoldo）贊助成立的，主要成員有伽利略的學生維維亞尼（VincenzoViviani）和托里拆利（Evangelista Torricelli）等。實驗學會顯然比山貓學會更有組織，擁有一個裝備完善的實驗室，做了一系列重要實驗，研製了許多在當時堪稱一流的科學儀器，其間還曾出版過《自然實驗論文集》（*Saggi di naturali esperienze fatte nell'Academia del Cimento*）。不過，當利奧波德在一六六七年成為樞機主教後，實驗學會也就曲終人散了。

在英國，從一六四五年開始，就有一批科學家定期聚會討論自然哲學問題，史書稱之為「無形學院」（"Invisible College"）。一六六二年，經過長年的非正式集會後，在當時任格雷沙姆學院（Gresham College）天文學教授的克里斯托夫・雷恩（Christopher Wren）的努力下，該組織獲得了英國國王查理二世（Charles II）的特許，成為一個正式組織，取名為皇家學會（Royal Society）。皇家學會雖有「皇家」之名，但實質上是個純粹的民間組織，成員主要是由業餘愛好者組成，其研究也幾乎都是出於興趣愛好。查理二世除了給予特許證並表示祝福外，其他的什麼也沒有做。

法蘭西科學院的誕生

幾乎與皇家學會同時，法國也出現了類似的機構——法蘭西科學院。

說到法蘭西科學院，就不得不提到一個人的名字，他就是十七世紀法國著名的數學家、修道士梅森（Marin Mersenne，數學中有個「梅森質數」〔"Mersenne Prime"〕，就得名於他）。在當時，梅森是歐洲科學界一位獨特的中心人物，學識淵博，為人熱情，圈內口碑極好，可謂德高望重。梅森交遊廣泛，與包括伽利略、笛卡兒（René Descartes）、帕斯卡（Blaise Pascal）、費馬（Pierre de Fermat）等人在內的幾乎所有重要學者都保持著密切而良好的關係。

那個時候，學術刊物和國際會議都還沒有出現，甚至連科學研究機構都沒有創立，於是熱情誠摯的梅森就成了歐洲科學家之間的聯繫橋梁。許多科學家都樂於將成果寄給他，再由他轉告給更多的人。因此，後人把梅森譽為「有定期學術刊物之前的科學資訊交換站」。

由於梅森的特殊地位，經常有學者在他家舉行非正式聚會，討論科學問題。後來，這種聚會逐漸變成了每週一次的沙龍（salon），學者在沙龍裡輪流討論數學、物理等問題，這種民間學術組織曾被人戲稱為「梅森學院」。以後，聚會又轉到了行政法院審查官哈巴特・德・蒙特摩（Henri Louis Habert de Montmor）家中，改稱自由學院。它的影響越來越大，甚至吸引了惠更斯（Christiaan Huygens）等外國學者。

當時正是「太陽王」路易十四在位的鼎盛時期。這位雄心勃勃的君主立志把巴黎建成世界的「知識之都」。也許是受到倫敦皇家學會有「皇家」頭銜的刺激，路易十四也想將自己的統治權拓展到科學界。這時，他最得力的下屬、財政大臣柯爾貝爾（Jean-Baptiste Colbert）助了他一臂之力。

一六六六年六月，柯爾貝爾向自由學院提供自己的圖書館，作為其活動的固定場所。稍後，他又向路易十四建言，請求以自由學院為基礎，建立一個正規的科學院。

深受路易十四寵信的財政大臣、法國科學院院士柯爾貝爾

法國數學家梅森。他是當時歐洲科學界的中心人物，德高望重。

路易十四與柯爾貝爾參觀植物園的情景。這幅憑想像創作的雕版畫，表明在十七世紀的歐洲，國家對科學的支持大大加強。

同年十二月二十二日，法國巴黎皇家科學院正式成立。當時，科學院共有二十一名成員，其中有幾何學家、天文學家、物理學家、化學家、解剖學家、植物學家和鳥類學家，他們是世界歷史上第一批科學院「院士」。路易十四將院士們安置在當時的王宮羅浮宮（Musée du Louvre）的皇家圖書館的一個房間裡，它的旁邊是一座實驗室。院士們一週聚會兩次，討論物理學和數學的話題，其樂融融。

與倫敦皇家學會不同，法國科學院完全接受王家的領導。科學家們得到國王的津貼，由王室提供經費設備與集會場所，研究活動也得到資助。也正是因為這個緣故，法國科學院不像倫敦皇家學會那樣可進行個人自主性的實驗研究，它必須為國王提供建議與解決難題，從事例如測量地球形狀的大型計畫。

一六九九年，法國科學院訂出正式章程，規定成員總共七十人，其中設名譽院士十人，院士和合作院士各二十人。除了正式的院士之外，在世界各地還有許多通訊院士，由法國本土的院士負責與他們聯繫。

在法國科學院初創的十餘年內，院士不分國籍，不僅吸收了本國傑出的科學家，還網羅了許多著名的外國科學家作為院士。與牛頓同時發明微積分的德國科學家萊布尼茨，就在一七〇〇年被選為法國科學院外籍院士。

值得一提的是，萊布尼茨是那個時代全世界的四大科學院——英國皇家學會、法國科學院、羅馬科學與數學學院（Accademia Fisico-Matematica, Rome）以及柏林科學院（Berlin Academy of

Sciences or Prussian Academy of Sciences）——的院士，在當時堪稱絕無僅有。其中，柏林科學院就是萊布尼茨一手促成的，他還出任了它的首任院長。

萊布尼茨認為，學者們各自獨立地從事研究，既浪費了時間，又收效甚微，因此他竭力提倡成立科學院，集中人才研究學術、文化和工程技術。在他的熱心鼓動下，奧地利維也納科學院、俄國聖彼得堡科學院先後都建立起來了。非常有意思的是，據說他還曾通過傳教士建議中國也建立科學院。

蒙養齋算學館的開館

在遙遠的東方，萊布尼茨的提議得到了康熙皇帝的關注。儘管在今天看來，大清國似乎是一個封閉的世界，幾乎不與外界有什麼交流，但是對於世界上所發生的變化，康熙皇帝並非一無所知。洪若翰、張誠、白晉、李明、劉應等以法國「國王數學家」頭銜來華的耶穌會士向康熙介紹了當時歐洲學術界的許多情況，其中包括剛剛成立不久的法國科學院。

其實，這幾位法國來華耶穌會士本身就與法國科學院有密切的關係。早在一六八四年十二月二十日，洪若翰、張誠、白晉、劉應等四人就被法國科學院任命為通訊院士。他們在離開法國動身前往中國時，攜帶了科學院贈送的大量科學儀器。在他們來華後，法國科學院指定了一名院士負責與他們通信，給他們寄送科學院的雜誌與其他科學書籍，還不時把新的科學儀器運到中國，以供觀測之用。洪若翰等人則把一些科學觀測報告發回法國，並回答科學院交給他們的有關中國的各種問題。

據考證，白晉和另一名傳教士傅聖澤（Jean-François Foucquet）都曾向康熙介紹過法國的「格物窮理院」（即法國皇家科學院）。傅聖澤在《曆法問答》中曾這樣寫道：「昔富郎濟亞國之格物窮理院中，諸天文士，皆於此講究，因二道相距之說，各有異同，難以意見斷定。然此實天文之樞機，又正不可以無定也。乃於康熙十年時，上請於王，爰差數人，分到古昔天文名家所測候之所，以測驗近今之天行，與古昔之天行，有變易否，又且不遠萬里，使院中名士利實爾，至近赤道下之海島，名為噶耶那。此處離赤道下，不過將近五度耳。」這裡的「富郎濟亞國之格物窮理院」，就是法國皇家科學院。

可能正是受此影響，康熙皇帝決定設立一個皇家機構，培養自己的高級科學人才。一七一三年十一月七日（康熙五十二年九月二十日），康熙給皇三子和碩誠親王胤祉、皇十六子胤祿頒發了這樣一道聖旨：「爾等率領何國宗、梅瑴成、魏廷珍、王蘭生、方苞等編纂朕御製曆法、律呂、算法諸書，並製樂器，著在暢春園奏事東門內蒙養齋開局。欽此。」蒙養齋算學館就此成立。

在《清史稿》中，對蒙養齋有如下一段記載：「聖祖天縱神明，多能藝事，貫通中、西曆算之學，一時鴻碩，蔚成專家，國史躋之儒林之列。測繪地圖，鑄造槍砲，始仿西法。凡有一技之能者，往往召直蒙養齋。其文學侍從之臣，每以書畫供奉內廷。又設如意館，制仿前代畫院，兼及百工

康熙欽定的《古今圖書集成》。其中收錄了十幾部翻譯成滿漢文的西方數學書籍。

西方傳教士敬獻給康熙的地圖和部分天文儀器

透過西方傳教士的指導，康熙也會使用算桌、計算尺等來學習數學。

之事。故其時供御器物，雕、組、陶埴，靡不精美，傳播寰瀛，稱為極盛。」

康熙對蒙養齋算學館十分重視。他聘請傳教士擔任算學館教師，要求他們講授當時已傳入中國的西方數學，翻譯編輯《歐幾里德幾何原本》、《比例規解》等十幾部滿漢文數學書籍，並把它們都收錄在康熙欽定的《古今圖書集成》內。康熙還讓大臣們從全國各地推薦年輕的科技人才，到蒙養齋學習深造。梅瑴成、明安圖等十八世紀中國傑出數學家，都是蒙養齋算學館培養出來的。

《律曆淵源》的編纂

蒙養齋算學館成立後的第一項工作，是奉康熙之命纂修律曆、算法諸書。

律即聲律，曆即曆法。《宋史・律曆志》中有一段話：「古者，帝王之治天下，以律曆為先；儒者之通天人，至律曆而止。曆以數始，數自律生，故律曆既正，寒暑以節，歲功以成，民事以序，庶績以凝，萬事根本由茲立焉。」在古代中國，律曆是體現皇家權威的重要標誌。正是因為這個緣故，康熙決心編纂一部薈萃當時所有律曆知識的巨著。

一七一三年的秋冬時節，設在暢春園裡的蒙養齋熱鬧起來。在此之前，胤祉等人已在全國遍訪精通曆算、音樂的人才。江南武進縣楊文言因「頗通才學，兼通天文」，被胤祉召到了北京。一七〇六年（康熙四十五年），大學士李光地薦蘇州府學教授陳厚耀「通天文、算法」，引見，改內閣中書，康熙命試以算法，筆試合格，結果陳厚耀也被召到北京。一七一二年（康熙五十一年），梅穀成受徵彙編《律曆淵源》。次年五月，在欽天監學習完畢並留任的明安圖也參與了此項工作。這些被徵召到京城來的學者們聚集在暢春園，開始了曆書的編纂工作。那段時間裡，康熙皇帝常常在暢春園裡召見傳教士，而梅穀成、明安圖等人則在傳教士指導下進行學習和測量。

數年後，論述算法的《數理精蘊》、論述曆法的《曆象考成》及論述樂理的《律呂正義》相繼完成。康熙合三書為一部，賜名《律曆淵源》，共一百卷。它不僅系統而有條理地收集了明末清初傳入中國的西洋數學、幾何學、天文學及聲律學知識，也彙集了中國傳統的曆算精華。其中第一部《曆象考成》（四十二卷）是在《崇禎曆書》的基礎上編成的，並根據南懷仁（Ferdinand Verbiest）等外國傳教士的觀測結果進行了一些資料修改。第二部《律呂正義》（五卷）除了詳細闡述明代朱載堉提出的十二平均律，還對西方五線譜的編造和用法進行了介紹。而第三部、多達五十三卷的《數理精蘊》更被譽為「數學百科全書」，內容最多，影響也最大。《律曆淵源》這部天文數學樂理叢書在中國科技史上具有很高價值，堪稱代表當時中國自然科學最高水準的總結性巨著。

法國科學院的興盛

在遙遠的法國，皇家科學院經過數年的草創階段，也迎來了它的輝煌時期。

由於科學院的院士得到國王的津貼，研究活動也得到資助。這使得科學院裡的科學家們可以擁有歐洲最好的設備，能夠完成一些別人無法完成的研究項目。比如，科學院曾進行過地球大小的測量，如此大規模的項目絕非一兩人之力所能完成，它需要的是一個團隊，科學院的組織引導作用便在此時非常明顯地體現了出來。

一七二〇年，科學院為傑出論文設立了獎金，從一七五〇年開始，出版《數學和物理紀要》（*Mémoires de mathématique et de physique*）。一系列的措施使得皇家科學院成為一個頗有吸引力的機構，很多優秀的科學家都希望通過科學院的批准以獲得公眾的承認，並以此進入科學院成為院士。而科學院通過設立嚴格的標準，也把專業規範加給其他的學術團體，並在本國尋求最佳的天才學者。於是，在短短的幾年中，法國皇家科學院迅速成長，一時間聚集了大量國內和國外的人才。當時知名的歐洲學者霍布斯（Thomas Hobbes）、卡西尼（Giovanni Domenico Cassini）、惠更斯等，都受其吸引並加入。

從法國科學院刊物的文章看，科學院組織從事的科學活動主要包括：天文觀測、磁偏角記錄、動植物考察等。天文觀測是其中最主要的工作，如日食、月食、木衛、北極高度的觀測，主要用以求出經緯度；彗星、水星凌日等重要天文現象的觀測等。

一七八九年，法國大革命爆發了。法國的大多數科學家、工程師，都和全體人民一起投入了這場反封建的偉大鬥爭。作為舊王朝的象徵之一，一七九三年，新興的革命政權國民公會（Convention nationale）取締科學院這個皇家機構。一七九五年，國民公會將包括原皇家科學院在內的所有被取消的文化團體組合在一起，命名為國家科學與藝術學院（Institut National des Sciences et des Arts），後來更名為法蘭西皇家學院（Institut Royal de France），直至現在的國立法蘭西學院（

Institut de France）。而法蘭西科學院則成為法蘭西學院下屬五個專業學院（法蘭西學院〔Académie française〕、銘文與美文學院〔Académie des inscriptions et belles-lettres〕、科學院、美術學院〔Académie des Beaux-Arts〕、道德與政治科學院〔Académie des Sciences morales et politiques〕）中規模最大的一個。直到今天，它仍然是科學家心目中的聖殿。

蒙養齋的消失

在康熙身邊的外國傳教士們看來，蒙養齋算學館就是中國的皇家科學院。白晉曾在給路易十四的奏章中這樣寫道：「這位皇帝的意圖是讓已在中國的耶穌會士和新來的耶穌會士在一起，在朝廷組成一個附屬於法國王室科學院的科學院。我們用滿語起草了一本小冊子，介紹了法國王室科學院部分文化職能，皇上對這些職能有了更深刻的認識。他平時就考慮編纂關於西洋各種科學和藝術的漢文書籍，並使之在國內流傳。因此，皇上希望這些著作的一切論文從純粹科學的最優秀的源泉，即法國王室科學院中汲取。所以康熙皇帝想要從法國招聘耶穌會士，在皇宮中建立科學院。」

還有一名耶穌會士這樣寫道：「多年的經驗使皇帝確信，中國人主要或唯一對歐洲人的依賴是，如果沒有歐洲人的幫助和指導，他們就無法正確地在天文學方面進行管理及準確地預知日蝕和月蝕。皇帝千方百計剷除這一弊端，使中國人能夠自立。為達到這一目的，皇帝不惜代價按皇室排場建立起一所皇家數學院……」

無論是「王室科學院」還是「皇家數學院」，在傳教士們的眼中，蒙養齋算學館無疑是當時中國最高級的科學機構。他們天真地以為，有了皇帝的支持，它就能像西方的科學院一樣蓬勃發展了。

可是，讓他們想像不到的是，就在《律曆淵源》完成後不久，蒙養齋算學館就無聲無息地消失了。現在，即使在古籍中，我們都已經很難找到多少關於它的記錄了。

但這還不是全部。一七一五年（康熙五十四年），康熙下令禁止在科舉考試中出現任何與天文曆法有關的內容。此前兩年，鄉試和會試的主考官都被要求不許出有關天文、樂律或計算方法的策問。清朝新出的自然研究著作、康熙皇帝雇用耶穌會士專家所做的宮廷專案，也都禁止主考官和考生涉及這些內容。

命運的回聲

法國科學院與蒙養齋算學館，它們的結局竟然如此迥異。我們不禁要問：這是為什麼？

對於這個問題，法國國家科學研究中心（CNRS）科學史專家詹嘉玲（Catherine Jami）認為，這兩個機構存在很大的區別——「一個是為了取得新的發現，一個是為了整合舊的知識」。詹嘉玲進一步指出，在中國和歐洲文化中，科學的地位不同。在當時的歐洲，科學工作者漸漸有了自己的地位；可是在中國，你只有懂四書五經，才是個真正有學問的人。

康熙帝晚年讀書像。康熙雖然本人喜愛科學，但他卻下令禁止在科舉考試中出現任何與天文曆法有關的內容。

蒙養齋算學館設於暢春園內，這座皇家園林在第二次鴉片戰爭期間被英法聯軍燒毀了，如今僅存一二處遺跡。圖為恩佑寺山門（徐廣源拍攝／提供）。

不同的地位決定了不同的命運。

在十七和十八世紀，經過文藝復興的洗禮，歐洲的科學得以自由發展。歐洲諸多的科學院為科學的興起提供了肥沃的土壤。這是一個自由的空間，沒有任何外來的干涉。

而在中國，所有的一切卻完全繫於皇帝一個人的喜好，無論對於歷史還是科學而言，這無疑都是危險的。一九四四年，邵力子曾這樣評論康熙皇帝：「對於西洋傳來的學問，他似乎只想利用，只知欣賞，而從沒有注意造就人才，更沒有注意改變風氣；梁任公曾批評康熙帝，『就算他不是有心窒息民智，也不能不算他失策。』據我看，這『窒塞民智』的罪名，康熙帝是無法逃避的。」

正是因為康熙對西方科學的熱愛，才有蒙養齋算學館等機構的出現。然而，對康熙來說，他學習西學的目的僅僅是為了增長自己的知識，以及向臣下顯示自己的「天縱英才」。因此，康熙把科學活動嚴格限制於宮廷之中。在康熙皇帝看來，那些帶有科學研究性質的製作，如天文、計算儀器等，只是供他賞玩的「奇技淫巧」。他並沒有認識到，西方科學的精髓是對自然的探究，是對理性的啟蒙。因此對於西學，他提出要「節取其技能，而禁傳其學術」——近代科學的傳入，即使曾有過輝煌，但其在中國的命運與前景卻在此刻便已注定了。在康熙駕崩後，那些科學儀器都被束之高閣，後世子孫更是不屑一顧。

曾經轟轟烈烈的盛事，到結局卻是冷冷清清，無疾而終。對於歷史過往，感慨或悲歎皆無濟於事。也許我們所能做的，就是定格那一個個瞬間，細細打量，悠悠沉思，因為寫在那些瞬間的不僅僅是宿命，更有對於宿命的突圍；每一種失落的緣由，其實也正是突圍的缺口。

兩份地圖的滄桑

《皇輿全覽圖》與《法國地圖》

西元一七一八年
清康熙五十七年

一六八二年，法國國王路易十四參觀巴黎天文台。在那裡，天文台台長卡西尼向他呈獻了一件特殊的禮物。那是一份根據大地測量結果繪製的《法國地圖》（*Charte De France*）。看著自己國家的版圖呈現在眼前，這本來應該是一件高興的事，可是路易十四左看右看，越看越覺得不對勁。在這張地圖上，他的王國比他一直認為的要小很多，法國西部的海岸線很明顯縮了進去，國土的一大塊邊緣地帶被砍掉了。見此情景，路易十四很不快地對天文台長卡西尼等人說：「先生們，你們把我的王國砍掉了三分之一。」

時光流轉。一七一八年，清朝的康熙皇帝也得到了他想要的全國地圖——《皇輿全覽圖》。一看之下，康熙非常滿意，他對內閣學士蔣廷錫說：「皇輿全覽圖，朕費三十餘年心力，始得告成。山脈水道，俱與《禹貢》相合。爾將此全圖並分省之圖，與九卿細看。倘有不合之處，九卿有知者，即便指出。看過後面奏。」得意之情，溢於言表。

剛剛落成的巴黎天文台

路易十四（中坐者）親臨巴黎天文台，柯爾貝爾（左）向國王介紹在此工作的科學家。

兩位君王，兩份地圖，雖然來自不同的國度，但他們繪製地圖的起因卻是相同的：作為一國之君，他們都需要有更精確的地圖，以了解自己的國土狀況。兩份地圖還有一個相同之處，即它們都與法國科學院有關。

然而，相同的「出身」卻有著不同的命運。一張小小的地圖所承載的不僅僅是山高水長。

卡西尼與《法國地圖》

一六六七年，法國巴黎天文台奠基，一六七一年落成，這是世界上第一座裝備了天文望遠鏡的天文台，從觀測技術上來說是當時最先進的。不過，對於當時的法國國王路易十四來說，他更關心的是地上的事，而不是天上。為了對整個法國版圖有一個清楚的了解，路易十四需要精確的地圖，這一方面是出於戰爭的考慮，另一方面則是出於經濟發展的需要。身為國王，路易十四需要有一幅標有通往邊境地區各條道路的地圖，這樣才能在對外的作戰中取得勝利；而要搞經濟，也需要對國內的地理和交通情況有很準確的了解。於是，路易十四給巴黎天文台的科學家們布置了任

巴黎天文台首任台長卡西尼

務：繪製一份《法國地圖》。

為了這個目的，法國開始在歐洲四處網羅人才，最終，他們把目光投向了一位義大利天文學家兼繪圖師喬凡尼・多美尼科・卡西尼（Giovanni Domenico Cassini）。卡西尼一六二五年六月八日出生於義大利佩里納爾多（Perinaldo），曾在波隆納大學（Università di Bologna）擔任天文學教授多年。一六六九年，在優厚的待遇和良好的工作條件的誘惑下，卡西尼來到了巴黎，前往皇家科學院工作。一六七一年，在巴黎天文台落成後，他成為該台的首任台長。

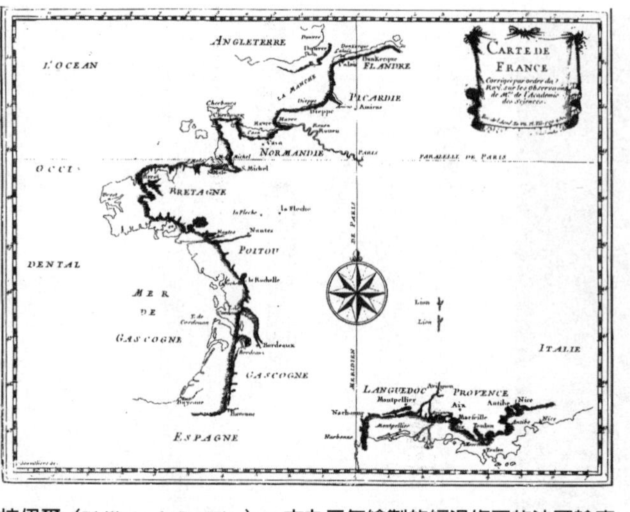

拉伊爾（Philippe de La Hire）一六九三年繪製的經過修正的法國輪廓圖，添加在一六七九年繪製的地圖上。新輪廓用暗色線條表示，與原來的輪廓相比，有了明顯的縮小。

新「官」上任的卡西尼接到的第一個任務就是測量法國各地之間的準確距離，從而為日後繪製精確的《法國地圖》奠定基礎。為了完成這個任務，他聘請了無數測量員，在法國境內確定了許多地點，開始了忙碌的測量。法國許多引人注目的建築，比如沙特爾大教堂（Cathédrale Notre-Dame de Chartres）的尖頂，都成了測量員們的觀測點。

此次測量，卡西尼採用的是三角測量法，這一方法已在歐洲通行一百多年了。它的思路是，先用鋼鏈或金屬標竿測出兩點之間的準確距離，即所謂的基線，然後，測量員就可以運用幾何原理計算出這兩點與第三點之間的距離，而無須親自去測量。這三點構成了一個三角形。通過這個三角形，人們又可以測量更多的三角形。

就這樣，卡西尼率領測量員們一點點工作，終於在一六八二年繪製出一份法國新地圖。在國王路易十四看來，科學家們的測量讓他失去了三分之一的國土，甚至比他的敵人讓他失去的國土更多。這當然只是一種錯覺。事實上，舊有的地圖並不準確，因此人們對法國的印象比實際的要大得多，而卡西尼繪製的地圖則非常精確地反映了當時法國的國土狀況。

康熙也要新地圖

《皇輿全覽圖》的測繪比法國新地圖差不多晚了三十年，但它的精確程度卻並不輸給法國，甚至更高。

在中國，版圖一直被認為是國家的主要憑證之一。所謂「版」，就是記載國民戶籍的檔案。所謂「圖」，就是地圖，即國家土地、山水的圖記。對此，《清史稿》總結說：「國家撫有疆宇，謂之版圖，版言乎其有民，圖言乎其有地。」

清代的統治者對地圖一直十分重視。在入關之前，就成立了文館，廣為收羅明朝的圖籍檔案。一六四四年（明崇禎十七年，清順治元年），清軍入關後，雖在戎馬倥偬之際，統治者仍不忘記收集明朝的圖籍。

身為清朝最有作為的一位皇帝，康熙十分清楚地圖的重要性。康熙即位初期，政局不太穩定。他親政後，先後平定了三藩之亂，統一了臺灣，接著又領導了抗擊沙俄入侵的戰爭。在這些戰爭過程中，地圖都起到了重要的作用。

但是，康熙在使用地圖的過程中也漸漸意識到，「惟是疆域錯紛，幅員遼闊，萬里之遠，念切堂階，其間風氣群分，民情類別，不有綴錄，何以周知。顧由漢以來，方輿地理作者頗多。詳略既殊，今昔互異。」康熙皇帝的感歎當然不是空穴來風，當時的地圖的確存在不少問題：有的地圖模糊不清，有的測繪不精、內容有錯，還有的地圖則由於年代太久，早已不能準確地反映現實情況了。所有這些都讓這位皇帝深切感受到，要想更好地治理自己的國家，沒有詳細而準確的地輿圖志，是十分困難的。也正是從那時起，本來就對近代科學很感興趣的康熙，決定要組織人力製作出一份新的地圖。

一六八九年（康熙二十八年），在中俄東北邊境問題談判中，康熙進一步認識到精確地圖的重要性。在《中俄尼布楚條約》簽定時，法國傳教士曾呈送過一份《亞洲地圖》給康熙，那份地圖以精確的測繪和細緻的標識，給康熙留下了深刻的印象。於是，在法國傳教士張誠等人建議下，康熙決定採用經緯度法重新繪製全國地圖。

中國幅員遼闊，地形複雜，以當時中國的測繪技術來看，要完成這樣的任務有很大的難度。因此，康熙在全盤考慮之後採取了一種穩紮穩打的方式來推進他的計畫，而他所完成的第一件工作就

福建沿海圖，完成於一六八三年（康熙二十二年），現藏北京圖書館。地圖的方向為上東下西，採用形象畫法，將福建沿海地帶的府城、海島、村落房舍、山梁、港灣等都描繪得十分詳盡、逼真，因而具有古代海防圖的性質，圖中許多地名至今還在沿用。

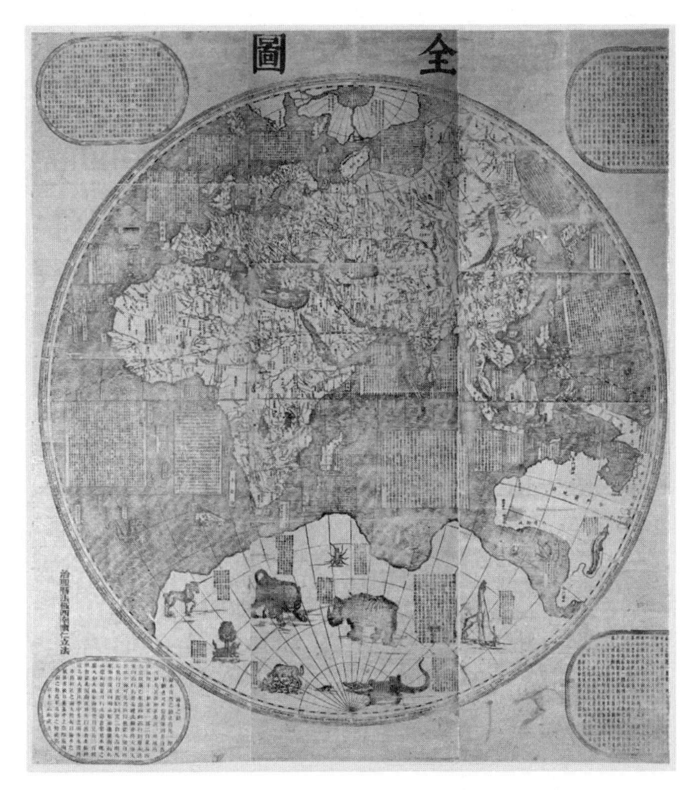

一六七四年（康熙十三年），比利時傳教士南懷仁採用近代科學製圖法，繪製了《坤輿全圖》。全圖由東、西兩個半球組成，每半球各占四卷軸條幅，繪製的範圍包括了世界七大洲四大洋。圖為《坤輿全圖》之歐洲、亞洲部分。

是統一長度單位。

在中國的歷史上，尺度的單位標準很不一致。也正是由於這個緣故，在過去年代裡所製作出來的地圖往往存在比較大的誤差。因此，要測繪一張不同於以往的全國新圖，首先就要統一丈量尺度。

康熙根據實地測量的結果，於一七〇四年（康熙四十三年）頒布了統一尺度的規定，決定以當時的工部營造尺（一尺等於〇．三一七公尺）為標準尺和計算單位。用繩量地法測量各地的距離里數，一千八百尺即一百八十丈（十繩）為一里，也就是說，每尺合經線長的百分之一秒，而每二百里合地球經線上一度的弧長。

把長度單位同地球經線每度的弧長聯繫起來，這在當時的世界上是一個了不起的創舉，是地理學史上以地球形體來確定長度的最早嘗試，這種嘗試比十八世紀法國以赤道長度來規定米制（système métrique）早八十多年。

長度單位的統一為地圖的精確測繪準備了條件，而人才的培養甚至開始得更早。一六八八年，洪若翰等五名耶穌會傳教士，受法國國王路易十四之命，以「國王數學家」的名義來華，使康熙了解了西方地理學的許多先進知識。他不但親自學習，還專門設立蒙養齋算學館，培養測繪方面的人才。

二十年後，時機終於成熟了。此時，清朝已經物色和培養出了一批測繪方面的人才，而在幾次戰爭之後，清朝也贏得了相對穩定的環境。於是，一七〇八年（康熙四十七年），康熙「諭傳教西士分赴蒙古各部、中國各省，遍覽山水城郭，用西學量法，繪畫地圖。並諭部臣選派幹員，隨往照料，並咨各省督撫將軍，札行各地方官，供應一切要需」。

同年七月，測繪工作正式開始。參加這項工作的有外國傳教士白晉、費隱（Xavier Fridelli）、雷孝思（Jean Baptiste Regis）、杜德美（Petrus Jartoux）、馮秉正（Jos-Fr. Moyriac de Mailla）、山遙瞻（Fabre Bonjour）等十人，還有多位滿漢官員。

在山水之間測量

卡西尼的《法國地圖》，給中國的地圖繪製提供了一份極好的藍本。在中國一七〇八年開始的大地測量中，傳教士們採用的是同樣的測繪方法。

在全面測量開始之前，測量員在北京附近進行了試測。他們先繪製了一份北京地圖，然後交給康熙親自校勘。審校之後的結果是，新繪製的北京地圖比以前要精密得多，康熙於是下令在全國推廣實施。

這支由傳教士和清朝官員組成的測繪隊伍就這樣開始了他們的工作。他們利用傳教士帶來的精密儀器，以通過北京的經線作為中央子午線，一共測定了六百四十一個經緯點作為控制網，採用當時最先進的經緯儀測圖法、三角測量、梯形投影等測繪技術進行測量工作。到一七一七年（康熙五十六年），測繪隊伍完成了測量工作回到北京。在傳教士杜德美主持下，又經過一年的時間，將各

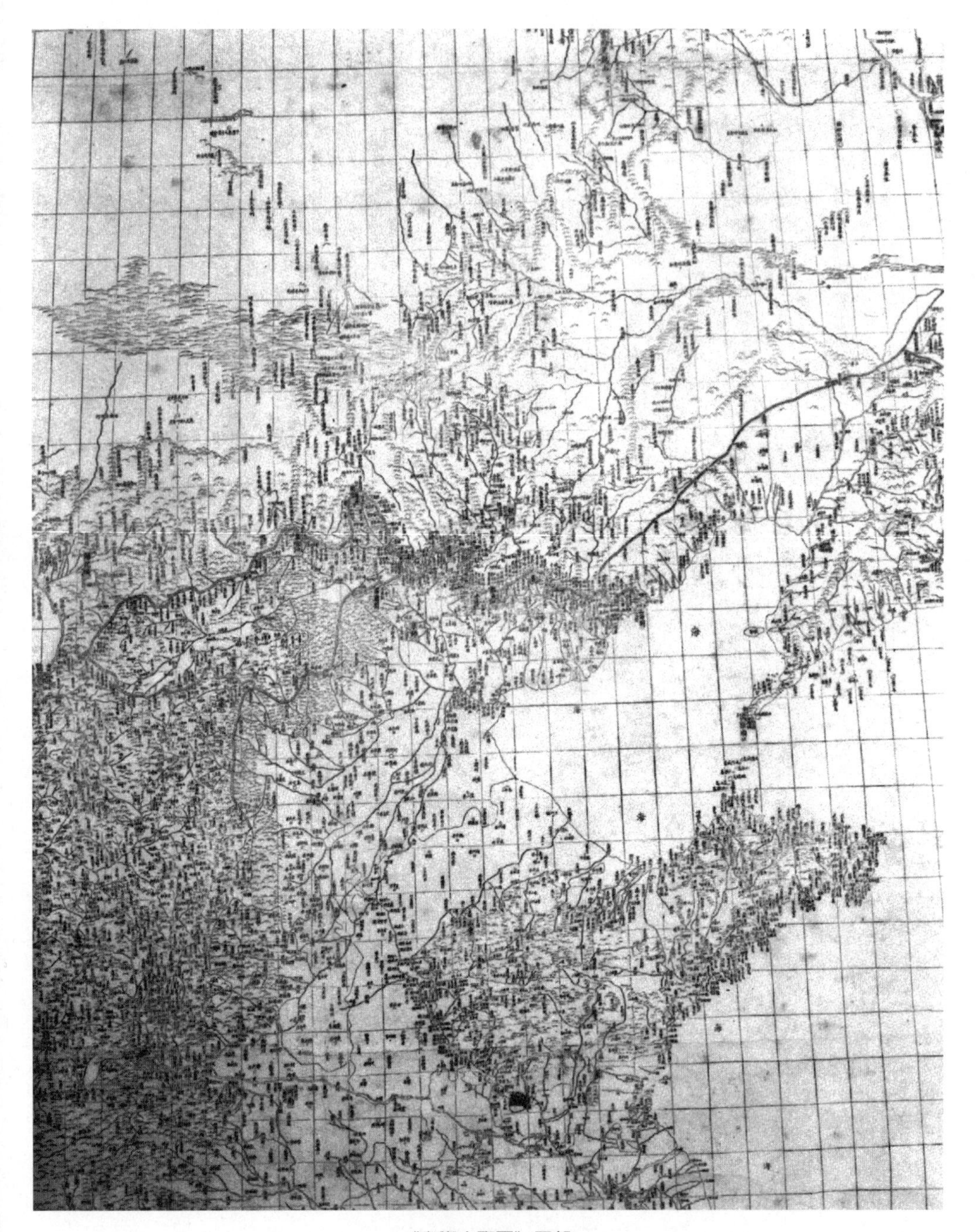

《皇輿全覽圖》局部

省分圖編繪成一幅全國地圖，這就是著名的《皇輿全覽圖》（又稱《內府一統輿地祕圖》）。一七一八年（康熙五十七年），《皇輿全覽圖》及各省分圖進呈康熙御覽。

《皇輿全覽圖》的比例尺大約為一比一百四十萬，縱橫有好幾丈，圖幅巨大，範圍廣闊，內容比以前的全國地圖要精詳得多。以往的測量大多採用傳統的網絡法繪製地圖，與這一做法不同，《皇輿全覽圖》採用了以地圓理論為基礎的經緯製圖法和梯形投影法，圖中布滿了由地理經線和緯線縱橫交錯構成的經緯網。

不過，由於厄魯特蒙古準噶爾部上層貴族的分裂、叛亂，在此次大規模測量中，新疆大部分地區沒有進行。叛亂平定之後，清朝欽天監官員明安圖在一七五五年（乾隆二十年）和一七五九年（乾隆二十四年）兩次奉命率領測繪隊深入新疆腹地，花了兩年多的時間，用近代科學方法出色地完成天山南北的地理勘測工作，並且以他精湛的數學知識繪製出了比較詳盡準確的新疆地圖，使《皇輿全覽圖》的繪製工作得以全部完成。

《皇輿全覽圖》的繪製是中國的一項重大的科學實踐。英國著名科技史專家李約瑟在其《中國科學技術史》（*Science and Civilisation in China*）中評價說：「它不但是亞洲所有地圖中最好的一幅，而且比當時所有歐洲地圖都更好，更精確。」直到一九三四年（民國二十三年），它一直是中國編繪各類地圖的主要藍本。現在，它仍然是研究中國地理變遷的珍貴資料。

地球的形狀

《皇輿全覽圖》的測繪還有一個有趣的副產品——它以確鑿的資料證明，地球是個扁圓形的球體。一七〇二年（康熙四十一年），康熙命人沿著通過北京的中央經線，測定了霸州（位於北緯三十九度）到交河（位於北緯三十八度）的距離。一七一〇年（康熙四十九年），又在東北地區測定了齊齊哈爾以南北緯四一～四七度之間每度經線的弧長。兩次測量的結果表明，北緯三八～三九度間的經線弧長比北緯四一～四七度間的經線每度弧長要短一些。

這在當時可是一項非常了不起的成果，因為地球到底是個什麼形狀，在當時的歐洲還是一件眾說紛紜的事情。

早在十七世紀，英國科學家牛頓與另一位來自荷蘭的科學家惠更斯共同進行了理論分析，推測地球是一個兩極較扁而赤道部分突出的扁球體。可是，這個觀點遭到了法國學者的反對。爭論從十七世紀末開始，一直延續了半個世紀之久。

為了弄清真相，法國皇家科學院派遣了兩個遠征隊，分別到赤道附近和高緯度地方進行測量工作。其中一隊由大地測量學家莫佩爾蒂（Pierre-Louis Moreau de Maupertuis）領導，於一七三六年五月出發，奔赴北極圈附近的拉普蘭地區（Lapland），次年八月才結束測量工作，回到法國。另一支隊伍則由大地測量學家拉孔達米納（Charles Marie de La Condamine）等人率領，前往南美的

荷蘭科學家惠更斯。他與牛頓雖然在光的本質問題上發生過激烈爭論，但在地球形狀這一問題上，他們卻是堅定的同盟軍。

法國大地測量學家拉孔達米納

莫佩爾蒂是最先確定地球形狀為扁球體的西方科學家

祕魯。與前者相比，他們的工作可謂困難重重。雖然他們早一年起程，但測量工作卻遲了兩年才完成，而且在返程途中，他們又遇到了種種艱難，最終經過五年多的時間，才於一七四五年二月回到巴黎。

在兩個遠征隊的測量結果基礎上，法國科學院組織專家學者，對兩地測量結果進行比較，證明了牛頓和惠更斯所提出的觀點是正確的，也就是說，地球的形狀是一個兩極扁平的扁球體。這個結果成為牛頓萬有引力理論的一個例證，在當時的歐洲引起了巨大轟動。

祕藏深宮的地圖

在《皇輿全覽圖》繪製完成之時，歐洲許多國家都沒有開始或沒有完成本國的大地測繪工作。即使是已經問世的《法國地圖》，其精確度與《皇輿全覽圖》相比也頗有遜色。毫無疑問，中國這時的地圖測繪走在世界的前列。

然而，這份花費了如此巨大的人力物力才得以到手的地圖，其日後的命運卻十分奇特。《皇輿全覽圖》不但沒有公開刊布，讓天下百姓都能受其益，反而在繪製完成後很多年裡始終處於一種嚴格保密的狀態，作為密件深藏於皇宮，沒有進入內廷資格的人是根本看不到的。

更糟糕的事情還在後面。在繪製《皇輿全覽圖》時使用的各種測繪方法，大多是外國傳教士們帶來的西方先進技術，但是在時間不短的測繪過程中，卻居然沒有一個人想到將這些技術資料完整地記載下來。於是在數十年後，偌大的中國，居然再也找不到誰能掌握它們了，以致到乾隆時代再進行測繪工作時，仍然不得不請耶穌會士做指導！

而在遙遠的法國巴黎，法國製圖師唐維爾（Jean-Baptiste Bourguignon d'Anville）根據耶穌會士寄回的《皇輿全覽圖》略加修改後，在一七三四年將其正式出版。它馬上進入了公眾的視野，成為法國人了解中國的一個窗口。

一份中國人費盡心力繪製的地圖，沒有在它的本國產生任何作用，卻在異域得到了欣賞。這樣一個戲劇性的結果，每當提及便會引人思考：這是它的幸運，還是它的不幸？也許這個問題本身並不那麼重要，重要的其實是隱藏在它的幸與不幸背後的意義，那些隱現於山高水長之外的話題。那些話題超越科學，卻總會在最關鍵處影響科學的進程。

唐維爾根據《皇輿全覽圖》改編成的法文版《中國、韃靼與西藏新地圖集》中的福建省地圖

第二篇

騰飛與蹣跚

十八世紀，一個令人每每提及便激蕩不已的時代。一次次的抉擇改變著世界的進程，一場場的變遷牽引著世界走到了今天。所有關於是非高下之評判，總會因特定時代的標準而不斷變化，不變的是那些已然發生過的事，那些在關鍵時刻做出的選擇，它們永遠地寫在歷史這部大書裡，任人評說。

西邊日出東邊雨

法國啓蒙運動與清朝文字獄

西元一七三三年初
清雍正十年年末

西元一七三三年一月，大清雍正十年十二月。江南的冬天，空氣陰冷而潮濕。浙東的一個小山坡上，突然來了一群如狼似虎的官兵。他們撲到一座墳頭上，便七手八腳地刨開了。很快，一具白骨被拋了出來，在一陣刀斧之下化為了齏粉。

這位在死後被戮屍的人名叫呂留良。當時，大清帝國的「文字獄」愈演愈烈，而上面的一幕就發生在「文字獄」最頂峰的時期。

幾乎在同時，在遙遠的法蘭西，一位思想家正在奮筆疾書。此人名叫伏爾泰，他正在寫作的《哲學通信》（*Lettres Philosophiques*）如同一聲嘹亮的號角，被後人視為法國啟蒙運動開始的象徵。正是在伏爾泰等啟蒙思想家的智慧啟迪下，以「自由（Liberté）、平等（Egalité）、博愛（Fraternité）」為中心的西方現代價值觀開始有了雛形。

識字帶來殺身之禍

宋代著名詩人蘇東坡有句名言：「人生識字憂患始。」這是他在因為文字而獲罪入獄之後發出的感慨。其實，識字、讀書、明理，原本是人生的一大樂事。可是，識了字就要做文章。雖然說對文章的解讀是見仁見智的事，但是身為一國之君的皇帝卻可能因為種種理由而從文章中挑出犯忌的字眼。如果你一旦不小心觸犯了「逆麟」，那就很可能大禍臨頭了。這就是中國歷史上赫赫有名的「文字獄」。

明太祖朱元璋半身像。這位平民出身的皇帝猜忌心理很重，曾因為文字而誅殺過許多讀書人。

在中國，文字獄有著悠久的傳統。從秦始皇的焚書坑儒開始，文字獄的記錄可謂史不絕書，而尤以明清兩代為甚。明朝開國皇帝明太祖朱元璋是平民出身，沒讀過什麼書，做了皇帝後，對讀書人的猜忌心理很重。當時，一個叫林元亮的書生替人給皇帝寫了份《謝增祿表》，其中有「作則垂憲」四個字，本來是稱頌皇帝的習慣用語。誰料朱元璋看了大怒，認為是罵他「做賊」，就把林元亮殺了。另一個叫許元的人，在祝賀皇帝生日時寫的萬壽表裡引用了兩句古文「體乾法坤，藻飾太平」。朱元璋認為「法坤」與「髮髡」同音，就是罵他是「禿驢」，而「藻飾太平」更是詛咒他「早失太平」。結果，許元全家被滿門抄斬。

明清鼎革之後，文字獄大興，所殺者數目驚人，遠高於前朝。清朝以異族入主中原，很忌諱胡、虜、夷等字眼。戴名世的《南山集》裡有詩歌詠顧炎武「懾服胡王羞漢臣」，被朝廷認為「大不敬」，戴名世因此被殺。沈德潛的〈詠黑牡丹詩〉有這樣兩句：「奪朱非正色，異種也稱王。」其中的「奪朱」用的是《論語》裡的典故，而「異種」就是「奇異之種」的縮寫。可是乾隆皇帝看到此詩，卻認為「奪朱」是說清朝奪取了朱明王朝的天下，而「異種」則是譏刺滿族「非我族類」，於是勃然大怒，由於沈德潛當時已死，就把他的屍體拉出來鞭打一通，以正其大逆不道之罪。在號稱盛世的康雍乾三朝，因為文字獄而被誅殺或被放逐的人，不知凡幾。

《清稗類鈔》中有這樣一個故事：據說紀曉嵐做翰林時，有一天奉命起草文牘，文思枯竭，於是出屋順著走廊散步，看見廊下有一個老兵睡得正香，鼾聲大作。紀曉嵐用扇子拍醒了他，問他睡得可好。老兵說很好。紀曉嵐於是拿來一部書讓他認字，老兵說他不識字。紀曉嵐若有所思地說：「人生識字就是困苦患難的開端，你不識字，真正是快樂啊。」這樁軼事未必是真的，但卻真實反映了其時讀書人的困境。

在清朝所有文字獄中，雍正時期的呂留良、曾靜案堪稱最有名的一起。

呂留良與曾靜

呂留良是浙江崇州人，自幼聰慧過人，八歲就能賦詩作文。十五歲時，明王朝覆亡，清軍入關，對人民施行高壓政策，激起人民的激烈反抗。呂留良與當時很多漢族士大夫一樣，十分憎恨清朝入主中原。他曾積極圖謀反清復明，事敗後削髮為僧，以行醫為業，直到一六八三年（康熙二十二年）逝世後被埋葬於故里。不過，呂留良也許不會想到，他生前沒有因為反清復明而喪命，離世近五十年後卻竟然會慘遭戮屍。

這一切都來自一位湖南儒生曾靜，此人原是一名縣學生員，中年棄舉業，在本地教書。曾靜十分敬仰呂留良，深受呂留良「華夷之辨」思想的影響，當時，正值康熙駕崩，雍正在諸皇子的奪位鬥爭中最後勝出，繼承了大位。由於他得位過程頗多蹊蹺，社會上流傳著許多關於雍正的不利傳言，曾靜據此搜羅了雍正的「十大罪狀」——謀父、逼母、弒兄、屠弟、貪財、好殺、酗酒、淫色、懷疑誅忠、好諛任佞，指責他是失德暴君。

曾靜認為，雍正失德是他反清復明的大好機會，決定策動當時任川陝總督的漢族大臣岳鍾琪造反。他草擬了一封信，讓學生張熙在西安向岳鍾琪當面投書。信中將岳鍾琪稱為「天吏元帥」，稱其是岳飛後裔，並以岳飛抗金的事跡相激勵，勸他掉轉槍頭指向金人的後裔滿洲人，為宋、明二朝復仇。

清初著名的思想家呂留良

雍正皇帝朝服像

曾靜、呂留良案密報人——岳鍾琪

雍正年間內府刻本《駁呂留良四書講義》，由大學士朱軾等人編寫，曾和雍正帝親自編寫的《大義覺迷錄》一起被發往全國。

岳鍾琪是雍正帝識拔重用的漢大臣，雍正不顧朝中滿清大臣的疑慮，對他十分信任，這也換來了岳鍾琪的耿耿忠心。他一收到書信，就立刻查清實情，並上奏朝廷。雍正聞聽此事之後非常震驚，決心以此為契機，對不滿其統治的漢族知識分子進行殘酷鎮壓。

《大義覺迷錄》的奇特命運

通過對曾靜等人的審訊，雍正皇帝很快就發現，早已去世多年的呂留良才是真正的禍患。這麼一想，證據也越來越多。雍正還在呂留良寫的詩裡發現了「清風雖細難吹我，明月何嘗不照人」，這自然被認為是「大逆不道」。雍正斷定，呂留良「悍戾凶頑，好亂樂禍」，是造成浙江「人心澆漓」、愛生事端的思想禍根，於是下旨捉拿呂留良親族、門生及各家親屬。

為了向天下人昭示自己是一位明君，雍正決定對此案進行「出奇料理」。於是，身為案件首犯的曾靜和張熙，竟然出人意料地被雍正免罪釋放。同時，雍正還宣布將來繼位的子孫也不得誅殺他們。他將曾靜稱為「可笑之人」，讓他和張熙戴罪立功，到各地現身說法，清除流毒。

這樣處理兩個謀反者的確很是出奇，但更有意思的是，針對曾靜提出的「十大罪狀」，雍正乾脆和他打起了筆墨官司。整整兩年時間，他不厭其煩地對曾靜進行思想工作，並宣布自己最終獲得了勝利。得意之餘，他下令將這樁文字獄案的全部諭旨、審訊、口供祕密記錄編纂刊刻，後附曾靜的認罪書〈歸仁說〉，書名為《大義覺迷錄》，發行全國各府州縣乃至「遠鄉僻壤」，「俾讀書士

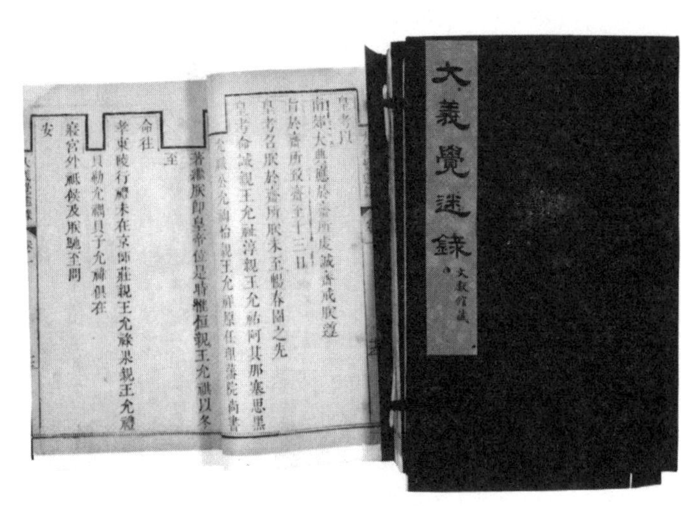

《大義覺迷錄》是雍正帝專門用來闢謠的工具

子及鄉曲小民共知之」，務必做到家喻戶曉，人人皆知。

可是對於那位早已去世多年的「思想犯」呂留良，雍正的處置可就大相徑庭了。其株連人數之多，刑懲之慘酷，可以說是登峰造極。雍正親自在奏摺上硃批道：「乃逆賊呂留良，凶頑悖逆，好亂樂禍，俶擾彝倫，私為著述，妄謂：德祐以後，天地大變，亙古未有，於今復見。……豈非逆天悖理，無父無君，蜂蟻不若之異類乎？」於是，一七三三年一月二十七日（雍正十年十二月十二日），他下旨將呂留良其及長子呂葆中、學生嚴鴻逵戮屍梟示，其他受株連者也受到處斬、杖斃和發配等嚴刑懲處。

雍正皇帝此舉可謂一手打一手拉，既嚴懲了反叛朝廷的禍根子，又讓天下人看到了他的仁慈。但是很可惜，雍正的這番苦心孤詣，卻沒有得到他的兒子乾隆皇帝的認可。一七三六年一月三十一日（雍正十三年十二月十九日），就在雍正駕崩僅僅兩個月之後，已經繼位尚未改元的乾隆即違背父訓，公開翻案，下旨將曾靜、張熙二人凌遲處死，並將《大義覺迷錄》列為禁書，停止刊刻，停止頒發，私藏者治罪，在全國範圍內統統收繳銷毀。

從此，《大義覺迷錄》湮沒二百多年不見天日，成為絕世罕見的一部皇帝撰寫的禁書。

思想家輩出的年代

正當識字為清朝的讀書人帶來殺身之禍的時候，在遙遠的歐洲大陸，一場思想革命的狂潮幾乎席捲了整個歐洲大陸。這就是啟蒙運動，它最初產生於英國，而後發展到法國、德國與俄國等國。在人類社會的發展史上，啟蒙運動第一次喊出了「自由、平等、博愛」的口號，它用理性主義批判專制主義、教權主義，追求政治民主、權利平等和個人自由，給歐洲的政治、經濟等各方面都帶來了巨大的衝擊。

現代史學家們幾乎一致公認，與西歐中世紀的「黑暗世紀」相比，啟蒙運動時期可以稱得上是個「天才世紀」，因為它既是一個徹底顛覆傳統制度和習俗的時代，也是一個思想家輩出的年代。那些思想家不斷用他們的筆和嘴，將他們的新思想通過文字或者討論的方式傳播出去，這種場景成為那個時代最典型的一幕。

新思想吸引了每一個人的注意力。在咖啡館裡、在沙龍裡，人們對這些新思想進行著熱烈的討論。人們慷慨激昂，闡發著自己的各種看法，甚至對君主制進行激烈的抨擊。有時，這種抨擊實在太過火了，也許會使發言者身陷囹圄。但是，討論並未因此而停止，反而隨著時間的延續，越來越熱烈、越來越廣泛了。

在歐洲各國中，法國的啟蒙思想家人才輩出，影響巨大，他們使法國成了啟蒙運動的中心。首先值得提及的是讓・梅葉（Jean Meslier），他生前是一位沒沒無聞的鄉村神甫，但在臨終前留下三卷巨著《遺書》（*Testament*），公開了隱藏多年的真實思想：他主張消滅私有制和專制制度，堅決否定一切宗教和教會，號召人民進行革命，推翻國王和貴族的反動統治，打碎天主教會加諸法國的精神枷鎖。現在，讓・梅葉已被看成是法國啟蒙運動的發難者。

繼讓・梅葉以後，伏爾泰、孟德斯鳩（Charles de Secondat, Baron de Montesquieu）、盧梭和狄德羅（Denis Diderot）登上了歷史舞台，而其中最有影響力的是伏爾泰。

投向舊制度的第一顆炸彈

弗朗索瓦・瑪利・阿魯埃（François-Marie Arouet）以其筆名伏爾泰更為世人所熟知，這位法國啟蒙運動領袖學識淵博，身兼詩人、劇作家、散文家、小說家、歷史學家和哲學家等諸多身分，被譽為「思想之王」、「法蘭西最優秀的詩人」。

一六九四年十一月二十一日，伏爾泰出生於巴黎一個富裕的中產階級家庭，自幼受過良好的教育。一七一五年，也就是路易十四去世後的第二年，他因寫詩諷刺當時的攝政王奧爾良公爵腓力二世（Philippe II, Duke of Orléans, Philippe Charles）而遭到流放。次年五月，又因為寫諷刺詩被關進了巴士底獄（Bastille），為時達十一個月之久。一七二六年，因為得罪了一個貴族，伏爾泰第二

十七世紀末歐洲的咖啡館。啓蒙運動的思想火花就是在這種環境下迸發出來的。

法國偉大的思想家、啓蒙運動領袖伏爾泰

歐洲在啓蒙運動時期，偉大的思想家輩出。圖為一七四〇年時的盧梭。

啓蒙運動中的一個典型場景：幾名紳士正在進行一次電學實驗。這種社會自發的對科學的崇尚，正預示著一個新時代的到來。

次被關進巴士底獄，此後被迫流亡到了英國。

流亡英格蘭，是伏爾泰思想的一個重要轉捩點。在英國期間，他對英國資產階級的政治、文化發生了濃厚的興趣，研究了牛頓的科學成就和洛克（John Locke）的哲學著作。

一七三三年，伏爾泰回到法國，寫出了他的第一部主要哲學著作《哲學通信》（也叫《論英人書簡》〔*Leffers Concerning the English Nation*〕）。在該書中，伏爾泰第一次系統地向法國人民介紹了英國的哲學、文學和政治制度，尤其詳細介紹了莎士比亞（William Shakespeare）、洛克以及其他英國思想家，並對他們進行了熱情的歌頌。在伏爾泰看來，正是寬容給人們的行為以真實的目標。他在第六封信中這樣寫道：「請走進倫敦的交易所，這地方比很多宮廷都更該受尊敬；在這裡，您看到各民族的代表，為人們的幸福而聚集在一起。在這裡，猶太人、伊斯蘭教徒和基督徒彼此相處，就像他們是來自相同的宗教，只把異教徒的名號送給那些破產者；在這裡，長老會（Presbyterian church）的信徒信任浸禮教（Baptist）的信徒，聖公會（Anglican Church）的信徒接受貴格會（Quakers）教士的承諾。」

一七三四年四月，《哲學通信》法文版在盧昂（Rouen）祕密出版後，立刻引起了法國人民的極大關注，被人稱為「投向舊制度的第一顆炸彈」。這部著作對法國啟蒙運動起到了極大的推動作用，教育了一代新人，因此被後人視為法國啟蒙運動真正開始的標誌。

與此同時，這部著作也立即引起法國當局的注意，巴黎高等法院（Parlement de Paris）下令將該書全部銷毀，出版商被捕下獄，伏爾泰則被迫離開了巴黎再次流亡。

「他教導我們走向自由」

伏爾泰所生活的時代經歷了路易十四、十五、十六三個封建王朝的統治，而他顛沛流離的命運更為他增添了許多傳奇色彩，他曾被路易十五（Louis XV）稱為「瘋子」，而在普魯士國王眼裡，他則是擠乾了汁的橘子皮。但這樣的經歷帶給他的，還有開闊了的眼界和更加深邃的思想。伏爾泰目睹了封建專制主義由盛轉衰的歷程，親身感受到了封建專制主義統治的腐朽和反動。他深刻預見到，封建統治肯定將會覆滅，一場革命必然到來。他曾對朋友說：「我周圍發生的一切事情，正在撒下革命的種子，儘管我自己未必成為革命的見證人，但它是必然要到來的。」

身為一位多產作家，伏爾泰才思敏捷，博學多識。他的著作涉及面很廣，包括哲學、歷史、文學和自然科學，主要著作有《論各民族的精神與風俗》（*Essai sur les mœurs et l'esprit des nations*）、《哲學辭典》（*Dictionnaire philosophique*）、《路易十四時代》等，流傳甚廣。伏爾泰的作品以尖刻的語言和諷刺的筆調而聞名。他說：「笑，可以戰勝一切。這是最有力的武器。」

一七七八年二月十日，當這位偉大的哲學家以八十四歲的高齡回到闊別二十九年的巴黎時，人們對他歡呼致敬，他所受到的禮遇甚至比君主還有過之而無不及。同年的五月三十日，伏爾泰逝世，但法國人並未因此而遺忘他。一七九一年法國大革命期間，革命黨出於敬意，曾先後兩次發表公告，把他的遺骸運到巴黎著名的先賢祠（Panthéon）並補行國葬。人們在他的靈車上寫著這樣的句

子：「他教導我們走向自由。」

當伏爾泰的身體隨時光流轉而消逝時，他的心臟卻被法國人民珍存在一只盒子裡，收藏於巴黎的國家圖書館（Bibliothèque nationale de France）。盒子上刻著伏爾泰生前說過的一句話：「這裡是我的心臟，但到處是我的精神。」

位於法國巴黎先賢祠中的伏爾泰陵墓

讚美理性，讚美自然

在伏爾泰等啟蒙者眼裡，理性與自然同樣受到讚美。因此，他們對科學備加推崇。按照啟蒙大師們的看法，在治理國家方面，科學比宗教更適於當參謀。自十七世紀以來，由於法蘭西斯・培根（Francis Bacon）和牛頓等人的著作，科學突飛猛進，大自然在自然哲學家們的拷問下，展露出曾經神祕的容顏，正如海頓（Franz Joseph Haydn）在清唱劇《創世紀》（*Die Schöpfung*）中所寫的：「天空向我們揭示神的榮耀。」

啟蒙者主張，新哲學受理性的約束，應該有利於人的自我解放，有利於自己塑造世界。為此，啟蒙者也寄希望於具體的改革。對啟蒙者來說，尤為重要的是人的進步和啟蒙，而對年輕人的教育也就在此時面臨著一場改革。德國人里夏德・范迪爾門（Richard van Dülmen）在他的《歐洲近代生活：宗教、巫術、啟蒙運動》（*Kultur und Alltag in der Frühen Neuzeit: Religion, Magie, Aufklärung*）一書中寫道：「當教育充滿了啟蒙運動的目的時，一個新的時代就來到了。就這一點而言，大多數啟蒙者同時也是制定教育計畫的教育家，這也就不足為奇了。德國的啟蒙者認為，對那些能自我做出決定、把生活掌握在自己手裡的新人進行教育，就是在改變社會政治的現實。幾乎還看不出來這是以一定的社會和專制關係為前提。德國啟蒙運動典型的特徵是沒有產生社會的烏托邦，它的教育綱領具有重要的意義。」

在那段時間裡，歐洲的年輕貴族也以一種特殊的方式接受他們的教育。他們通常帶著一位僕人以及指導他們行為和學業的家庭教師，由父母送往國外旅行一兩年，目的是學習新語言，發現新習俗。這種旅行是年輕貴族教育中的重要內容，也讓整個歐洲成為一體，歐洲貴族正是通過這一方式分享同一文化。不管是法國國籍、德國國籍還是其他國籍，政治家和哲學家、科學家和藝術家都意識到，自己是歐洲人。盧梭曾經說過：「都是歐洲人，都有同樣的趣味、同樣的熱情、同樣的生活方式。」

寬容與專制

當我們慨歎於清朝文字獄與法國啟蒙運動的鮮明對照時，沒有人會忽略其中最重要的一點，這就是寬容與專制的對比。在回顧啟蒙運動的歷史時，我們無法忘懷啟蒙大師們對開明思想與寬容的強調。伏爾泰曾經說過一句名言：「我反對你的意見，但我捍衛你自由表達意見的權利。」其中所蘊含的寬容思想，實在發人深思。

這種思想已經成為當時人們的共識。儘管對君主制過分激烈的抨擊有時會使思想家遭到當局的迫害，正如伏爾泰曾經經歷過的那樣，但是開明與寬容的觀念卻在法國乃至整個歐洲廣泛傳播。寬容意味著要學會容忍不同的生活和世界觀。這不僅意味著教派之間的寬容，啟蒙者們也要求當權者和國家寬容地對待臣民的不同意見。因為唯有如此，才能抵禦專制的統治。這也正是「自由、平等、博愛」的最核心的思想。

科學團體的風起雲湧也正是這種對於開明與寬容的宣導的寫照。歐洲的科學家們以這種方式形成自己的小圈子，在自己的刊物上自由地發表研究成果。

與此形成對照的則是，清朝的皇帝可以通過一道上諭就禁止人們修習與天文曆法有關的內容。甚至在康熙的晚年，他還曾親自修改御用科學家的書稿。直到一七八八年（乾隆五十三年），文字獄之風已漸漸過去，卻仍有識字者因為不慎而惹起事端。這一年，湖南耒陽縣一位六十九歲的老秀才賀世盛，照著一些道聽塗說的軼聞故事攢出了一部《篤國策》，原打算拿著它進京投獻，也好謀得一官半職，不料卻引來了殺身之禍。由於這本書上寫了批評捐官制度的意見，結果被認為是「妄議朝政」，照例應凌遲處死，子孫都要處斬。最後，乾隆皇帝總算格外開恩，決定從輕發落：將凌遲改為斬決，子孫免罪。

這是一七九一年，清朝的老秀才賀世盛因為一本書而被砍了頭之後的第三年，法國人正在用隆重的儀式將他們的精神導師伏爾泰重新安葬，並稱頌這位偉大的哲學家「教導我們走向自由」。

「走向自由」與「萬馬齊喑」——相同的年分，不同的選擇，一個個看似不起眼的細節串連起的不僅僅是文人的命運，更有兩個國家的未來走向與歸宿。

吾土吾民，彼土彼民
「攤丁入畝」與圈地運動

西元一七二三年
清雍正元年

西元一七二三年正值清雍正元年，新皇帝登基固然是舉國大事，不過，也就是在這一年發生的另一件事，似乎對大清國的尋常百姓——特別是農民的生活產生了更加深刻的影響。一項全新的賦役政策——「攤丁入畝」從這一年開始全面實施。它的出現，標誌著中國實行了幾千年的人口稅徹底退出了歷史舞台。即使置之於整個世界，它也是一件很了不起的事，因為西方國家的人口稅，直到進入資本主義時期才陸續消滅。

「攤丁入畝」的實施在一定程度上減輕了農民負擔，貧民大量流亡的現象因此得到了遏制。隨之而來的是，中國的人口數量出現大幅攀升，傳統的農業經濟達到頂峰，中國社會進入了「康乾盛世」的黃金時代。

就在大清國的皇帝為了讓農民安居樂業而大費苦心之時，在英格蘭，一場以犧牲廣大農民利益為前提的大規模圈地運動（Enclosure movement）漸趨高潮。貴族們將農民趕出自己的房屋，強行將農田平整為放牧羊群的牧場。大量農民失去了自己賴以生存的土地，流落到城鎮謀生，狀況慘不忍睹。可是，英國的國王和國會不但不阻止這種行為，反而在十八世紀初通過了大量准許圈地的法令，最終在法律上使圈地合法化，英國農民的人數由此也減少到了有史以來的最低數量。

兩國農民的不同命運，究竟預示著什麼呢？

一道大難題

在中國，「普天之下，莫非王土；率土之濱，莫非王臣」。自古以來，中國的農民就要承擔兩種義務：向國家交納田賦，同時接受國家指派的各種徭役。所謂田賦，其實就是土地稅，只要你擁有土地，就得按土地數量交納田賦。與此同時，國家則按照家庭人口數量分派徭役。所謂徭役，就是為官府承擔各種無償勞動（稱為力役）。不過後來，它逐漸演變成了一種人口稅（丁銀）。老百姓不用再出力，只要按照家庭人口數量交丁銀即可。在清朝初年，每個農戶都要交這兩種稅。

然而，這種稅賦制度很快就遇到了極大的困難。在清朝，人口在地域上和行業間的流動已是不可改變的社會現實。由於無法限制人口流動並固定其職業，清政府再也沒有條件像明初那樣大規模地普查戶口了。很顯然，在這種情況下，想準確掌握人口數量，根本就無從談起。更有甚者，每逢修改人丁冊籍之時，總有許多官員為了博得戶口加增之名，任意增加人丁數量。

可是，儘管人丁難以核實，朝廷稅額卻不能短少，於是各地州縣只能拿在籍人丁開刀，讓他們

反映康熙年間農民生活的《御製耕織圖》

分攤所有的丁銀。結果，在籍人丁應納之銀的數額不斷上升。在某些地方，甚至達到規定數額的五六倍！

如此之高的丁銀，自然使許多無地或者少地的農民不堪重負。為了躲避政府的徵收，他們不得已之下，只能走上逃亡之路。暫且不論逃亡的農民過著怎樣悽苦的生活，大批農民離開原來的土地逃亡的一個最直接的結果便是，在籍人丁數量不斷減少，但是丁銀卻並未隨之減少。於是，那些未逃亡者便因此而背上了更重的丁銀負擔。當相同的情形一再發生，也就逐漸形成了一個惡性循環。

大量人丁的逃亡嚴重影響了社會的穩定，也使國家無法獲得足夠的財政收入，這成為擺在清政府面前的一道大難題。

可是，要解決這個問題談何容易！

持續了百餘年的「攤丁入畝」

為了對付大量人丁逃亡所帶來的種種社會問題，順治和康熙都曾想過許多辦法，但都沒有徹底解決。它像一個頑疾困擾著大清國的統治者，直到第三代皇帝雍正上台後，才最終找到了治癒的方法。

在雍正即位的當年，直隸巡撫李維鈞上書朝廷，提出「攤丁入畝」的建議，即把丁銀歸入田賦，兩稅合一徵收。攤丁入畝的核心是把稅賦和田地結合起來，有田就交稅，沒田就不用交稅。

對無地或少地的貧苦農民來說，這無疑是一個福音，他們可以踏踏實實地種地，不用再去逃亡躲稅了。流民減少，不但社會趨於安定，國家也自然可以增加稅收。不過，對於那些擁有大量田產的地主來說，這可絕對不是什麼好消息，因為這意味著他們要比原來交更多的稅了。於是，他們拚命製造輿論，對此表示強烈的反對。

對於兩種截然相反的意見，雍正皇帝並沒有貿然行事。這位登基時已然四十五歲的皇帝，由於此前多年曾數次深入民間，處理地方事務，因此對社會底層的情況頗為了解。接到直隸巡撫的奏摺之後，為了慎重起見，雍正將其交給戶部討論。戶部的官員們認為它能大幅度增加財政收入，對此表示同意。於是，雍正下旨准行。攤丁入畝便由直隸一省開始，逐漸擴展到全國。然而，由於阻力太大，整個過程居然花了百餘年，直到光緒年間才最終完成。

皇子時代的雍正經常奉命到各地辦事，深知民間疾苦。

雍正在攤丁入畝的實施過程中，沒有搞「一刀切」，而是主張因地制宜。各地根據自身的情況，紛紛制定了相應的政策：有的是各州縣分攤，有的是各州縣分別均攤，有的是各省均攤。由於攤丁入畝的基本原則是「因田起丁，計畝科算」，田多則徵丁銀多，田少則徵丁銀少，無田則不徵丁銀，減輕了地少丁多的貧民的負擔，使得稅賦負擔趨向平均，同時也在一定程度上限制了土地的高度集中。

攤丁入畝是中國賦稅制度歷史上一項很有創意的重大改革，它完成了歷代稅賦改革併役於賦（就是將人頭稅歸入土地稅）的歷史進程，既是歷代稅賦改革的繼承，又是其終結。在清代，就已有人指出，攤丁入畝標誌著「數千年來力役之征，一旦改除」，對其給予了高度的評價。

「羊吃人」

當大清國的皇帝以「愛民如子」之心改變了土地制度，進而改善了農民的生活之時，在地球的另一面，在十八世紀初的英國，農民的處境卻是如此令人同情。

十五世紀末，隨著新航路的發現，英國工商業特別是毛紡織業迅速發展，羊毛的需求量逐漸增大，市場上的羊毛價格猛漲。養羊業與農業相比，變得越來越有利可圖。這時，一些有錢的貴族開始投資養羊業。

養羊需要大片的土地。在當時的英國，雖然絕大多數土地早已有主，但森林、草地、沼澤和荒地這些公共用地卻沒有固定的主人。在利益的驅使下，一些貴族就利用自己的勢力，強行占有這些公共用地，將其圈占起來放牧羊群。但是，貴族們很快就發現，這也不能滿足他們對土地的需求。於是，他們又開始採用各種方法，把那些世代租種他們土地的農民趕出家園，甚至毀掉農民的房舍和整個村莊，使土地連片，然後改作牧場。一時間，在英國到處可以看到被木柵欄、籬笆、溝渠和圍牆分成一塊塊的草地。被趕出家園的農民，則變成了無家可歸的流浪者。

在這場強行推進的「圈地運動」中，農民以前以各種形式租種的土地，無論是終身租地，還是每年的續租地，都被貴族強行圈占。這些成為牧場主的貴族們還互相攀比，使他們的牧業莊園變得越來越大。而對於農民們來說，那則是一場劫難：無數英國農民失去了自己賴以生存的土地乃至家園，背井離鄉，甚至變成無家可歸的流浪漢。

有一群農民在向英國國王控訴一個叫約翰・波米爾（John Pommier）的領主的上訴書中寫道：

一位十七世紀的英國農民正在公共用地上放牧

《烏托邦》的作者湯瑪斯．摩爾

貴族們採用各種手段，將那些世代以土地為生的農民趕出家園。

失去了土地的農民只好背井離鄉，到礦山或工廠裡做工。

> 這個有權有勢的約翰・波米爾用欺騙、暴力占有您的苦難臣民——我們的牧場，這些土地是我們世代所擁有的。他把這些牧場和其他土地用籬笆圍上，作為自己所有。後來，約翰・麥波爾（John Mipol）又強行奪取了我們的住宅、田地、家具和果園。有些房屋被拆毀，有些甚至被他派人放火燒掉，我們被強行驅逐出來。如果有誰不願意，波米爾就率領打手包圍他的家。這些人手持刀劍、木棒，氣勢洶洶，凶猛地打破他家的大門，毫不顧忌他的妻子兒女的號哭。約翰・波米爾為了圈占我們的土地，不惜將我們投入監獄、毒打、致殘，甚至殺害，我們現在連生命都難保全。

當時一位著名作家湯瑪斯・摩爾（Thomas More）在其名著《烏托邦》（*Utopia*）中寫道：「綿羊本來是很馴服的，所欲無多，現在它們卻變得很貪婪和凶狠，甚至要把人吃掉，它們要踏平我們的田野、住宅和城市。」

那是歷史上浸透了殘酷血腥的一頁，寫在那一頁上的是「羊吃人」（"Sheep eat people"）——這三個字後來成了圈地運動的代名詞。當溫順的羊不再溫順，等在英國農民面前的將是怎樣的命運呢？

截然不同的君王

與清朝的皇帝相比，英國的最高統治者對圈地運動卻採取了截然不同的態度。英國的農民們在這場聲勢浩大的「圈地運動」中失去自己的土地，四處流浪，然而，他們的國王卻沒有因此而給他們任何的恩澤！

雖然在早期，英國政府曾經對圈地進行過一些限制，但這些法令幾乎沒有取得任何效果。不僅如此，到了十八世紀，英國議會還通過了大量圈地法案，立法使圈地合法化。大量圈地的結果，使英國的農民數量越來越少，到了十八世紀末圈地運動接近尾聲之時，英國農民的人數減少到了有史以來的最低數量。

十八世紀初的英國議會。代表著新興資產階級的議員們通過了大量圈地法案，使得廣大農民的處境日益艱難。

為了活命，這些失去土地的農民只好進入城市，成為城市無產者。他們或者漂泊流浪，或者不得不進入生產羊毛製品和其他產品的手工工廠，成為資本家的廉價勞動力。在這種手工工廠裡，工人的工資十分低，而每天則要工作十幾個小時。

令這些失去土地的人感到雪上加霜的是，他們的國王不但沒有對貴族們大量圈地進行任何限制，反而以非常嚴厲的手段限制流浪者。國王頒布法令，規定凡是有勞動能力的農民，如果不在一定時間裡找到工作，就要一律加以法辦。最初，那些流浪的農民一旦被抓住，就要受到鞭打，然後送回原籍。如果再次發現他流浪，則割掉他的半隻耳朵。假如這位不幸的人被第三次發現仍在流浪，就要處以死刑！

後來，英國國會又頒布了一個法令，規定凡是流浪一個月還沒有找到工作的人，一經告發，就要被賣為奴隸，他的主人可以任意驅使他從事任何勞動。他如果逃亡，抓回來就要被判為終身的奴隸。如果再次逃亡，就要被判處死刑。此外，任何人都有權將流浪者的子女抓去做學徒，當苦役。

這些嚴酷的法令的實行，使得大批流浪的英國農民被無情地處死。結果，那些從家園中被趕出來的農民，只能被迫在工廠中接受工資低廉的工作，廉價地出賣自己的勞動力。

意外的結局

當溫順的小羊不再馴順，英國農民不得不背井離鄉甚至因此喪命，與這般悲慘命運相比，大清國的農民所感受到的真可謂「皇恩浩蕩」了。攤丁入畝的推行，減輕了無地、少地農民的負擔，使他們再也不必因為無法交納丁銀而四處逃亡。於是，大量流亡農民紛紛返鄉，重新過起了「面朝黃土背朝天」的生活。

攤丁入畝的受益者並不只是這些大清國的農民，清朝的經濟收入也在這一政策推行過程中大大增加。到雍正末年，國庫存銀由康熙末年的八百萬兩增加到六千多萬兩，給他的繼承者乾隆皇帝留下了一份豐厚的遺產。日後乾隆的「十全武功」，就是在把雍正辛辛苦苦積攢下來的這些銀子花光之後才取得的。

可是，當兩百多年後重新翻開這一段歷史的時候，我們卻赫然發現，攤丁入畝政策的實施儘管給農民帶來了一些實際的好處，但卻並沒有使中國的封建制度有任何改變；而用血腥方式把農民從土地上趕走的圈地運動，卻促進了資本主義的興起。

攤丁入畝確實使清朝的社會生產力有一定程度的發展，但在很大程度上，這僅僅體現在耕地面積和勞動力的增加上，而生產工具並沒有太大改進。中國的農民同土地有著一種天然的聯繫。伴隨著攤丁入畝的實施，農民也被更牢固地束縛於土地之上。這種自然經濟體系，成為資本主義萌芽發展的嚴重障礙。

攤丁入畝還帶來了一個意外後果，那就是人口數量激增。以前，為了少繳丁銀，許多人都瞞報、私藏人口，或者被迫少生子女。攤丁入畝後，由於不再按人口徵稅，人口數量急劇上升。在雍正皇帝統治的十幾年間，人口淨增了一倍，從康熙末年的七千萬增加到乾隆初年的一億五千萬。此後，中國人口仍保持高速增長，到道光年間，就已經突破了四億！人口數量的激增，使中國的經濟發展受到了嚴重的阻礙，這大概是自稱「愛民如子」的雍正皇帝所沒有想到的結果吧！

而在英國，圈地運動的結果同樣是很多人沒有想到的。圈地運動雖然使英國的農民遭受了慘痛的犧牲，卻對英國的歷史進程產生了巨大的推動作用。它不但使一大批靠土地為生的農民擺脫了對

雍正帝經過銳意改革，為自己的兒子乾隆帝留下了一份豐厚的遺產。圖為義大利畫家郎世寧繪的《平安春信圖》，畫中人物便是胤禛、弘曆父子。

清末華北地區的農民。他們仍然安土重遷，世世代代都在田裡辛勤耕種，以維持生計。

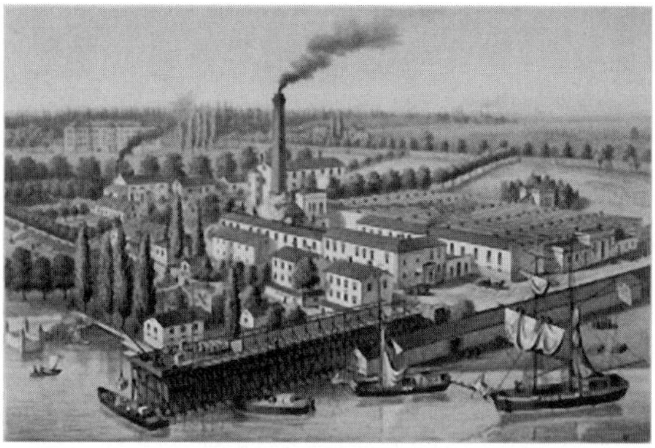

殘酷的圈地運動以犧牲農民利益為代價，極大地促進了英國的工業化進程。圖為工業革命期間英國的紡織廠。

土地的依附，為工業革命準備了大量自由勞動力，而且還打破了原有的自給自足的農村經濟形態，促使封建土地制度的徹底解體，為資本主義的發展鋪平了道路。在圈地運動之後，英國完成了資本的原始積累，迅速走上了資本主義發展道路，迎來了「日不落帝國」的輝煌時代。從某種意義上講，這種輝煌正是建立在英國農民所付出的血淋淋的代價基礎上的，真不知生活在輝煌時代的英國人回首這段往事的時候，會作何感想！

十八世紀，一個令人每每提及便激蕩不已的時代。一次次的抉擇改變著世界的進程，一場場的變遷牽引著世界走到了今天。站在這個時代的窗口回望，兩種不同的土地政策，不但使兩國農民面臨著不同的命運，更決定了兩個國家經濟和社會的不同走向。

所有關於是非高下之評判，總會因特定時代的標準而不斷變化，不變的是那些已然發生過的事，那些在關鍵時刻做出的選擇，它們永遠地寫在歷史這部大書裡，任人評說。

同一片星空下
望遠鏡與中西天文學

西元一七五四年
清乾隆十九年

在北京城西的建國門立體交叉橋旁，有一座歷史悠久的古建築——北京古觀象台。作為世界上古老的天文台之一，從明朝正統年間（約一四四二年左右）到民國十八年（一九二九年）止，它曾連續從事天文觀測達五百年之久，在世界上現存的古觀象台中，保持著連續觀測最久的歷史紀錄。

在這座歷史悠久、建築完整的觀象台上，有八件銅製大型天文儀器。它們是清代康熙和乾隆年間採用歐洲天文學度量制和儀器結構而建造的，體形巨大，造型美觀，雕刻精湛，不僅是實用的天文觀測工具，還是舉世無雙的文物珍品。

這八件銅製大型天文儀器中，最晚完成的是璣衡撫辰儀，竣工於一七五四年（乾隆十九年）。在當時，這八件天文儀器的完成被看作中國古代天文學上的一件大事，大大地提高了中國編製和校驗曆法的準確性。

可是，這些儀器卻有著一個致命的缺點——它們統統都沒有透鏡！這就使它們的應用受到了極

一八七二年，英國攝影師約翰·湯姆森（John Thomson）拍攝的北京古觀象台照片。台上的天文儀器後來被八國聯軍掠走了一部分。

暮色中的北京古觀象台

大的限制。

假如這時，我們把目光轉向西方，卻會看到，早在一六〇九年，義大利科學家伽利略已經利用透鏡，造出了世界上第一架天文望遠鏡。在那之後，西方天文學隨著天文望遠鏡的一次次改進而面貌一新。當古觀象台上的八件天文儀器全部完成之時，望遠鏡在西方天文學界的廣泛使用正在迅速改變著地球另一端天文學的發展進程。此時中國與西方在天文學上的賽跑，也因此變成了兩個時代的較量。

中國與西方，在時間的兩岸凝視一片相同的星空，但看到的卻迥然不同。這僅僅是透鏡惹的禍嗎？

改曆之爭

中國與西方天文學之間那條模糊的線索，可以追溯到遙遠的一六二九年。

西元一六二九年六月二十一日，正是大明崇禎二年五月初一，北京發生了日食。本來，日月星辰的相互運動是再普通不過的事，但這一次的日食不僅讓欽天監的官員們丟盡了面子，而且差一點連命也保不住了。原來，由於計算誤差，欽天監使用中國傳統曆法推算出來的日食發生時刻早了半個小時，而結束時刻則又晚了半個小時。在那個時代，日食、月食被認為事關國家興衰存亡，這樣大的失誤當然就成為一次大事件。兩天後，崇禎皇帝傳諭禮部：「天文重事，這等錯誤」，「姑恕一次」，「推算如再錯誤，重治不饒」。

欽天監的官員雖然保住了性命，但曆法卻不能不修。在禮部的建議下，修曆工作交到了時任禮部左侍郎的徐光啟身上。徐光啟費盡心力，採用丹麥天文學家第谷（Tycho Brahe）的宇宙體系，在一六三四年底（崇禎七年十一月）修訂完成了一百三十七卷的新曆《崇禎曆書》。

新曆修成，崇禎很是高興，又是賜匾，又是慶賀，一時間甚是熱鬧。可是，好事多磨。由於朝中守舊派激烈反對，年輕的崇禎對於是否採用新曆舉棋不定。從一六二九年到一六四三年（崇禎十六年），新法與舊法之間曾有過八次較量。雖然每一次用西法預測日食、月食都十分準確，而用中國傳統天文學的方法則以八次失敗而告全軍覆沒，但直到一六四三年又一次發生了日食，崇禎皇帝才終於下了決心。

然而，一切卻都已經來不及了。一六四四年（崇禎十七年），李自成和他的農民起義軍給這個朝代畫上了句號，年僅三十六歲的崇禎在走投無路之下自縊於北京景山。不久，清軍入關。短短幾個月間，北京在紛飛的戰火中幾易其主。

在那些動盪的日子裡，湯若望是唯一留在北京的傳教士。這位一五九二年出生在德國一個貴族家庭的耶穌會士，在一六一九年（萬曆四十七年）來到中國。從一六二九年在徐光啟領導下參加改曆工作開始，湯若望的名字與中國天文學的命運就緊緊地拴繫在了一起。

一六四四年十二月二十三日（清順治元年十一月二十五日），湯若望被任命為欽天監監正，這在中國歷史上是從來沒有過的。傳教士入主欽天監，一方面使他們終於打入中國的最上層，但另一

明朝的末代皇帝——崇禎

位於北京西直門外的湯若望墓。在其旁邊還有利瑪竇、南懷仁等外國來華傳教士之墓。

湯若望在北京觀象台上

方面，此舉也為中國人帶來了西方數理天文學，並促使中國天文學開始納入世界天文學的發展軌道中。同年，湯若望對《崇禎曆書》進行了整理修訂，取名《西洋新法曆書》，呈送清廷刊刻印行（即《時憲曆》）。

一六六四年（康熙三年），一場曆法大案使已近古稀的湯若望身陷其中，雖倖免一死，但被免去了欽天監監正之職，由楊光先取代了他的位子，後者正是製造這起曆法大案的始作俑者。在此事之後，清政府廢除新法，以舊法取而代之。兩年後，湯若望在抑鬱中黯然辭世。

一六六九年（康熙八年），羽翼豐滿的康熙皇帝將鰲拜拿下，重新奪回了權力。湯若望終得平反，但此時，他已經去世三年了。依照湯若望的願望，康熙將其厚葬於北京阜成門外二里溝利瑪竇（Matteo Ricci）墓旁，而楊光先則只落得個身敗名裂的下場。

越看越遠的望遠鏡

就在康熙皇帝為湯若望平反的西元一六六九年，一位義大利天文學家踏上了赴法的行程。他叫喬凡尼・多美尼科・卡西尼。雖然此前，卡西尼曾從事天文研究長達二十餘年，但法國的邀請卻自有其令人動心之處——他將出任即將落成的巴黎天文台的首任台長。巴黎天文台是世界上第一座以光學望遠鏡裝備的現代天文台。對於天文學家來說，又有什麼能比可以穿越重重迷霧讓人望得更遠的「眼睛」更誘人的呢？

望遠鏡的故事要追溯到十七世紀初，據說這項發明是荷蘭人李普希（Hans Lippershey）在無意間搞出來的，他將凹鏡和凸鏡組合在一起，結果驚喜地發現能由此看到相當遙遠的物體。望遠鏡就此誕生。李普希將他的作品獻給了荷蘭政府，結果得到了政府的獎賞。

可能在很多人看來，這件發明儘管十分新鮮，但也不過當作趣談聽聽，充其量親眼看一看、滿足一下好奇心也就罷了，然而一個義大利人在得知這項發明後卻深受啟發。在經過苦思冥想和反覆試驗之後，他用一塊平凹透鏡和一塊平凸透鏡，最終完成了一架口徑四・四公分、放大率為三十三倍的望遠鏡。然而，最特別之處在於，他沒有用這架望遠鏡去觀看地面上的物體，而是將它對準了浩渺的星空。

這就是世界第一架天文望遠鏡的誕生過程，此時是一六〇九年，製造出這架天文望遠鏡的義大利人名叫伽利略。雖然在最初的時候，伽利略曾經想把他的發明用於海上軍事，但是最終，海洋的魅力似乎難敵天空的誘惑。

在伽利略之後，一六六八年，英國科學家牛頓製成了第一架反射望遠鏡。此前，英國數學家葛列格里（James Gregory）也曾提出過一種反射望遠鏡的設計方案。一六七二年，法國人卡塞格林（Laurent Cassegrain）提出了反射望遠鏡的第三種設計方案。

天文望遠鏡的發明，在此後的日子裡迅速改變了天文學的面貌。一六七一年，巴黎天文台落成，這是世界上第一座以光學望遠鏡裝備的天文台。一六七五年，英國設立了皇家格林威治天文台（Royal Greenwich Observatory）。隨後不久，俄國的普爾科沃天文台（Pulkovo Observatory）、美國

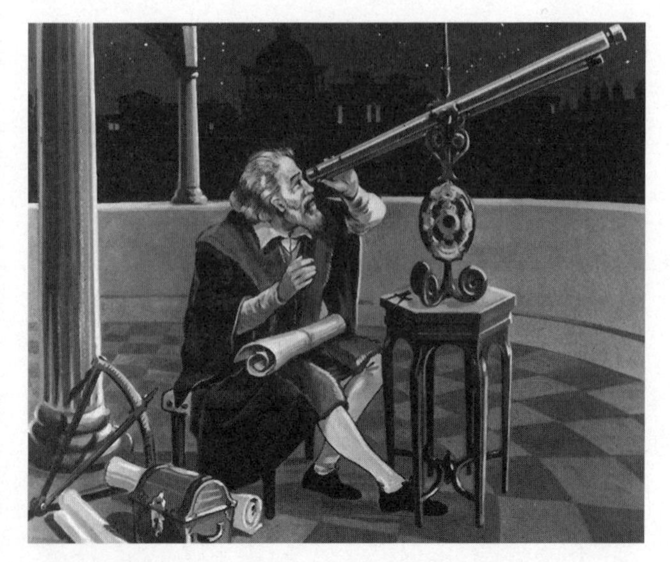

伽利略正在用他發明的世界上第一架天文望遠鏡觀測天空

牛頓於一六六八年發明的反射望遠鏡

在剛剛建成的格林威治天文台，天文學家們利用四分儀和望遠鏡觀測天空（約一六八〇年）。

華府的海軍天文台（United States Naval Observatory, Washington, D.C.）也相繼建成。

發現迭出的時代

天文望遠鏡的一次次改進，延伸著天文學家們的視野，西方天文學就這樣衝上了現代天文學的快車道。那是一個發現迭出的年代，世界上最優秀的天文學家們集中在各大天文台，借助望遠鏡的力量，不斷報告著他們的發現。翻開天文台發展早期的名冊，人們可以看到這樣一些名字：惠更斯、讓・皮卡爾（Jean Picard）、阿德利安・奧祖（Adrien Auzout）和卡西尼，他們是世界天文學史上一群最耀眼的明星，正是他們擦亮了十七、十八世紀的星空。

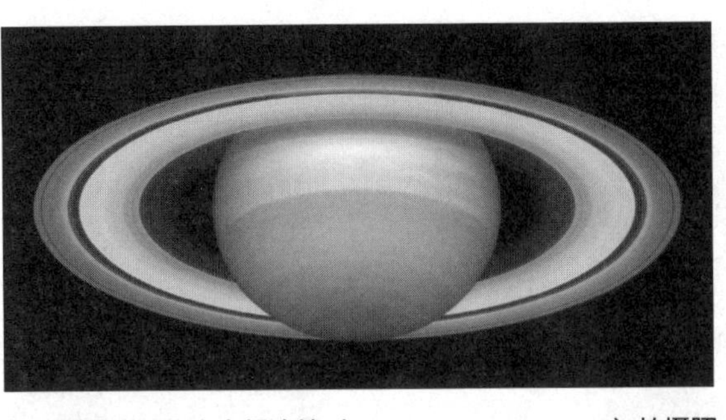

從這張根據哈伯太空望遠鏡（Hubble Space Telescope）拍攝照片合成的土星圖片，可以明顯看出土星光環裡有一個環形狹縫。令人驚歎的是，卡西尼早在一六七五年就觀測到了這一點。

還在巴黎天文台建立之前，一六五五年三月二十五日，荷蘭天文學家惠更斯在用自製的三・七公尺長折射望遠鏡觀測土星時，發現了一顆土星的衛星——土衛六，這顆衛星被命名為泰坦（Titan），它是被人類發現的第一顆土星衛星，也是太陽系迄今所知的最大衛星。一六五九年，惠更斯發現土星的光環；一六六六年，卡西尼發現火星和木星的自轉；一六七一年，卡西尼發現土星的一顆衛星——土衛八；一六七二年，卡西尼發現土星的另一顆衛星——土衛五，並首次測定太陽和地球的精確距離；一六七五年，卡西尼發現土星光環裡有一個環形狹縫；一六八四年，卡西尼再次發現土星的兩顆衛星——土衛三和土衛四。

而在英國，格林威治天文台首任台長弗蘭斯蒂德（John Flamsteed）於一七一二年發表了他的星表《英國天文志》（*Historia Coelestis Britanica*）。一七二九年，他出版了這份星表的星圖，共載星二千八百六十六顆。弗氏星表的平均誤差不到十秒，迄今為止，它仍然是考察十八世紀初天體現象最有價值的文獻。

格林威治天文台首任台長弗蘭斯蒂德

繼弗蘭斯蒂德之後，哈雷（Edmond Halley）成為格林威治天文台第二任台長。他最為世人熟知的偉大功績，就是發現了著名的「哈雷彗星」（Comet 1P/Halley）。

一七二八年，英國天文學家布拉德雷（James Bradley）——他也是格林威治天文台第三任台長，在尋找恆星視差（stellar parallax）的過程中發現了光行差（aberration）。他的發現也成為地球周年運動的證據。

那是天文望遠鏡大出鋒頭的年代，

世界各地的天文學家用他們的望遠鏡監視著恆星的微小變化，為哥白尼體系（Copernican system）的最終確立尋找證據。隨著望遠鏡的視野不斷延伸，天文學家們也看得越來越遠、越來越清晰。

八件天文儀器

就在望遠鏡為西方天文學注入了新的活力之時，中國的天文學卻踩著不變的節奏行走在自己的軌道上。儘管有傳教士帶來關於外面世界之種種新聞，但是這些似乎很難在這片古老的土地上帶來多少回響。

一六六九年（康熙八年），就在卡西尼應邀前往法國出任巴黎天文台台長的這一年，在大清國，隨著曆法大案塵埃落定，受到牽連的傳教士南懷仁被重新起用。這位比利時傳教士曾經是湯若望的得力助手，對天文曆算有精深造詣。

落到南懷仁身上的任務，是為觀象台督造新的天文儀器。

在當時，觀象台上的天文儀器還是明朝製造的，儘管它們依然發揮著作用，但二百餘年的歷史還是使它們顯得老態龍鍾了。康熙的上諭寫得明白：「曆法關係重大，考驗詳明始為允當。觀象台所有渾儀、簡儀、測驗表影等器，自古觀候，不可廢棄。今年久損壞，衙舍傾頹」，改造這些儀器已非常必要了。

既然是由傳教士主持其事，自然就要遵循西法。但是，中西曆法在計量上大有不同：中國傳統的天文儀器將圓周以三六五・二五分度刻度，一晝夜以一百刻劃分，而以西洋新法制定的曆法則以圓周三百六十度和晝夜九十六刻推算，所以原有的儀器已經不適用了。為此，南懷仁奏請重新製造一批新的天文儀器。在康熙下旨批准之後，儀器的製造工作不久即全面展開。

四年後的一六七三年（康熙十二年），六件新的大型天文儀器製造完成。其中包括：赤道經緯儀（用於測量天體的赤經差和赤緯）、黃道經緯儀（測量黃經差和黃緯）、地平經儀（測量地平經度）、地平緯儀（又稱象限儀，用於測量天體的地平緯度）、紀限儀（測量二天體之間的角距離）與天體儀（即天球儀，相當於古代的渾象，可用於演示或推算天體的位置、出沒和中天時刻等）。南懷仁還寫成《靈臺儀象志》一書，說明上述儀器的原理及使用方法，末附一份全天星表，他也因此而被提升為欽天監監正。

一七一五年（康熙五十四年），法國傳教士紀利安（Bernard-Kilian Stumpf）製造地平經緯儀，並為了安裝它而重新調整了觀象台上陳列的其他儀器。這件儀器實際上是地平經儀和地平緯儀兩儀的組合。一七四四年（乾隆九年），德國傳教士戴進賢（Ignatius Koegler），又受命主持製造可直接測量赤道經緯度的大型天文儀器——璣衡撫辰儀。

一七五四年（乾隆十九年），璣衡撫辰儀終告完工。至此，古觀象台上的八件天文儀器全部完成。與中國傳統的天文儀器不同，這八件天文儀器均採用了西方通行的三百六十度制和六十進位制，這似乎可以視作中國古代天文學在計量標準上與世界的接軌。為了提高儀器的讀數精度，它們的刻度盤上還加有游標。另外，黃道經緯儀上設置了黃極圈，這也是有別於舊時使用的天文儀器。

一六六九年由南懷仁製造的渾儀，現藏北京故宮博物院。

比利時傳教士、天文學家南懷仁

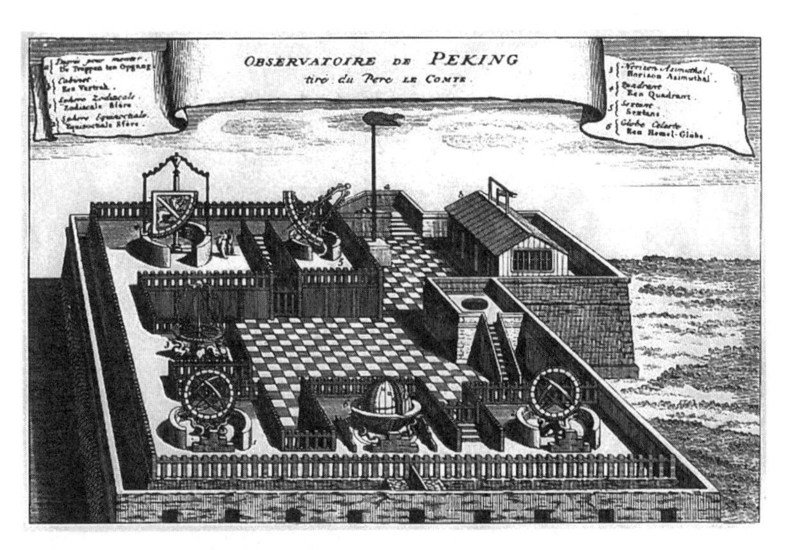

南懷仁時代的北京觀象台圖示，上面只有六件天文儀器。

然而，無論它們在形式上有多大的變化，也無論它們的外形有著多麼濃郁的歐洲風格，這些儀器仍舊處於古典天文學的框架內。因為八件天文儀器都有一個致命的弱點：沒有透鏡！僅就編製和校驗曆法而言，這些儀器已足夠應用，但作為天體研究的工具，與在西方早已被廣泛使用的天文望遠鏡相比，則已是遠遠地落後了。

佘山天文台在清末安裝的雙筒折射望遠鏡

說起來，中國人對望遠鏡也不算太陌生。早在一六二九年（崇禎二年），湯若望便在欽天監官員李祖白的幫助下，用中文完成了《遠鏡說》一書，將伽利略望遠鏡（Gallileo telescope）介紹到了中國，只可惜沒有引起任何人的注意。其實，這一點也不用驚奇。要知道，欽天監的使命是為朝廷編製曆法，預測天象，只須將日月食之類的天象預報準確，那就萬事大吉，誰又在乎那些遙遠的星星上會發生什麼事呢？

不過，的確使我們感到驚訝的是，這八件天文儀器居然一直用到了民國前夕！當光學望遠鏡終於落戶在中國境內的天文台時，已是一九〇〇年（光緒二十六年）。這一年，法國傳教士蔡尚質（Stanislaus Chevaliev）在上海佘山建造天文台，安裝了當時東亞最大的口徑四十公分、焦距七公尺的雙筒折射望遠鏡。距離一六〇九年伽利略發明天文望遠鏡，時間已經過去了幾乎整整兩個世紀！

一鏡之隔，兩個世界

一九九九年一月四日，當美國人約翰・布羅克曼（John Brockman）在「邊緣」網站（Edge.org）發問：「過去兩千年最偉大的發明是什麼」時，不止一位回答者認為，透鏡當屬過去兩千年最偉大的發明，這當然是包括望遠鏡、顯微鏡、眼鏡等等在內的一個家族，不過，望遠鏡被提及的頻率似乎遠遠高於它的同族。在哥倫比亞大學物理學和數學教授布萊恩・格林（Brian Greene）看來，「望遠鏡的發明和完善、伽利略對望遠鏡的應用，標誌著現代科學方法的誕生，為人類對自己在宇宙中的位置進行激動人心的再評估創造了條件。這種技

曾幾何時，用望遠鏡進行觀測竟也成了一種流行的時尚（約一七八九年）。也許這就是科學的魅力吧。

術裝置令人信服地揭示，宇宙遠遠超過人類無助的感官所感知的一切。望遠鏡向人類揭示的一切，及時地確立了我們生機勃勃的宇宙的浩瀚無邊，表明人類身處的銀河系只是無數星系中的一個，向我們展示了大量奇異的天體物理構造。」

望遠鏡在天文學中的應用，讓十七和十八世紀的星空在觀測者眼前赫然清晰起來，而這兩個百年，中國在世界天文學史上卻一下子找不到自己的位置了。但是，這僅僅是透鏡帶來的麻煩嗎？

一七三五年（雍正十三年），法國耶穌會士巴多明（Dominique Parrenin）在他寄回法國的信中曾寫到他對中國欽天監的觀察，從這位本身就是科學家的傳教士的描述，我們得以窺見當時欽天監的狀況：「在欽天監工作一生的人唯一的希望就是能當上欽天監的高級職位……如果監正本人很富有，又愛好科學，他就自己花工夫去搞研究，如果他想對他的前任工作精益求精，增加觀察或對工作方式做些改革，他馬上會在欽天監中成為眾矢之的。眾人頑固地一致要求維持原狀。他們會說，何必自討苦吃、多惹麻煩呢？稍有差錯就會被扣罰一、兩年的俸祿。這不是做了徒勞無功反而自己餓死的事嗎？毫無疑問，這是北京天文台阻礙人們使用望遠鏡去發現視線達不到的東西和使用擺錘精確計算時間的原因。」

一邊是為了好奇而觀察星空，另一邊則是為了保住官職而維持現狀，從一六六九年到一七五四年，再到一九〇〇年，不同的觀念將中國與西方分隔兩邊。遙望著同一片星空，看到的卻是不同的圖景。這也許正是問題的答案。

盛世修典的背後
《四庫全書》與《百科全書》

西元一七七二年
清乾隆三十七年

一七七二年，大清乾隆皇帝統治的第三十七個年頭。對於一個人來說，三十七歲是一個相當自信和成熟的年紀，該有的經驗有了，該嘗的教訓嘗了，想做的要做的一切都已了然於胸，餘下的便只是將計畫變成現實。而對於這位在位時間長達六十餘年的皇帝而言，在位第三十七年也正如人生之三十七歲一般，他醞釀已久的計畫也就要在這一年著手了——這一年，乾隆下詔開設四庫全書館，委派紀昀（紀曉嵐）等著名學者一百六十餘人，開始編纂《四庫全書》。這是中國乃至世界歷史上規模最大的一套圖書集成，薈萃乾隆中期以前中國歷代主要典籍，被認為是中華古代學術和文化之集大成者。

也是在這一年，世界歷史上最偉大的著作之一，由狄德羅（Denis Diderot）主編，伏爾泰、孟德斯鳩、盧梭等參與編寫的《百科全書》（*Encyclopédie*）全部出版。這部煌煌巨著不但是第一部現代意義上的百科全書，更以其高揚的科學和理性思想，成為法國啟蒙運動的旗幟。

同為文化盛事，卻為後人凝固了太多不同的瞬間。它們似乎都是在總結已有的文化，但是無論是編纂的過程還是結果，抑或是隱藏在事件背後的精神氣質，都有許多差異。

「盛世修書」為哪般

《四庫全書》的編纂，始於一七七二年乾隆皇帝的一紙詔書。盛世修書原是中國有著悠久歷史的傳統，但對於乾隆而言，編纂《四庫全書》卻並非僅僅出於步武漢唐的雄心。滿清以武力入主中原，改朝換代，此舉在飽讀詩書的漢族士人看來，與蠻夷戎狄並無二致。因此，在清朝初年，政權雖已穩固，卻仍有很多不願當順民的明朝遺老。他們感懷家國落入外族之手，並將這種感慨寫入詩文。為了壓服這些持不同政見者，清廷大興文字獄，這讓當時的讀書人幾乎都生活在恐懼之中。

然而，一味地壓制畢竟不能收服人心，國家的長治久安也離不開士子的歸心朝廷。於是，以文化一統天下就成為清朝皇帝的另一種選擇。編纂《四庫全書》的序幕，就在這樣的背景下拉開了。

一七七二年二月七日（乾隆三十七年正月初四），乾隆皇帝下詔「命中外蒐輯古今群書」，要求各省督撫會同學政，通飭所屬人員，訪求天下古今有價值的遺書，彙送京師，準備將它們彙集成一套叢書，「以彰千古同文之盛」。乾隆皇帝欽定書名為《四庫全書》。次年，四庫全書館在翰林院開館，編纂工作正式開始。

此時的清朝，正是國力鼎盛之時。康雍時期一系列經濟措施的實行，為朝廷積累了大量財富，乾隆下詔徵書之時，戶部庫銀多達八千餘萬兩，這無疑為《四庫全書》的纂修提供了足夠的財力支撐。另外，康乾時期曾兩次開考博學鴻儒科，一經錄取，俱授翰林院官職。這些博學鴻儒中，許多人都是學術大家，他們使纂修工作得到了必要的人才和學術積累。

不過，在乾隆詔書下達最初的那段時間，各省督撫並不認真辦理。因為進呈之書太少，乾隆於一七七三年四月十九日（乾隆三十八年三月二十八日）下達專諭，嚴厲譴責各督撫等因循搪塞，限令在半年之內「實力速為妥辦」，否則「惟該督撫是問」。乾隆特別下詔給兩江總督高晉和江蘇巡撫薩載、浙江巡撫三寶等人，指出江浙一帶是人文淵藪，世代藏書大家輩出，應著力搜求。他在詔書中，專門提到了江南的幾大藏書世家——昆山徐氏的傳是樓，常熟錢氏的述古堂，嘉興項氏的天籟閣、朱氏的曝書亭，杭州趙氏的小山堂，寧波范氏的天一閣等，要求將它們作為徵書的重點。

乾隆於詩書方面頗有心得，對圖書版本也很有研究，連藏書家的私人書櫥也幾乎瞭若指掌，因此他常常指名要大臣為他搜求某種圖書的某一版本，甚至指名要官吏去抄錄某家所藏的某本書，這使得那些藏書家們不敢輕易隱匿圖書。史載，江蘇揚州鹽商馬裕一人進獻家藏珍本七百七十六種，浙江寧波天一閣主人范懋柱獻書六百零二種。

大規模的圖書徵集工作取得了不小的成績，至七年之後的一七七八年（乾隆四十三年），共徵集圖書一萬三千五百零一種，其中許多是當時被藏書家珍藏的孤本、善本。

擔任《四庫全書》總纂官的紀昀

乾隆皇帝半身像。這時的他剛即位不久，意氣風發，雄心勃勃。

寧波「天一閣」藏書樓，是中國現存歷史最悠久的私家藏書樓之一。

法國大革命的「兵工廠」

就在乾隆皇帝下詔徵書的這一年，一部歷時二十餘年的煌煌巨著在法國完成。這就是《百科全書》——法國啟蒙運動帶給全世界的最豐厚的禮物，啟蒙運動那崇敬自然、崇敬理性的精神，在這部巨著中可謂展現無遺。

談到《百科全書》，就不能不談到一個人：狄德羅。可以說，《百科全書》與他的名字是分不開的。這位十八世紀的偉大哲學家於一七一三年十月五日生於法國朗格勒市（Langres）一個小資產者家庭。十歲那年，狄德羅被送進耶穌會學校讀書，與那個時代的年輕人一樣，他在那裡學習了希臘文、拉丁文和古代作家的著作。一七二八年，狄德羅來到巴黎，進入路易大帝學院（Lycée Louis-le-Grand or Collegium Ludovici Magni）和達古學院（Collège d'Harcourt）學習修辭學、邏輯學、倫理學，而他成績最為出色的兩門學問則是數學和物理學。青年時代的經歷往往會深刻地影響人的一生，狄德羅也不例外。正是在巴黎的這段日子，他接觸到了培根和霍布斯等人的經驗論（Empiricism）哲學，這對他的哲學思想的形成產生了很重要的影響。離開學校後，狄德羅繼續留在巴黎，度過了十年自由文人的流浪生活。

豐富的經歷成為這位年輕人的最大財富，也使得他逐漸受到了關注。一七四五年，巴黎的一位書商勒布雷頓（André Le Breton）打算將英國人錢伯斯（Ephraim Chambers）主編的《百科全書，

「百科全書之父」狄德羅

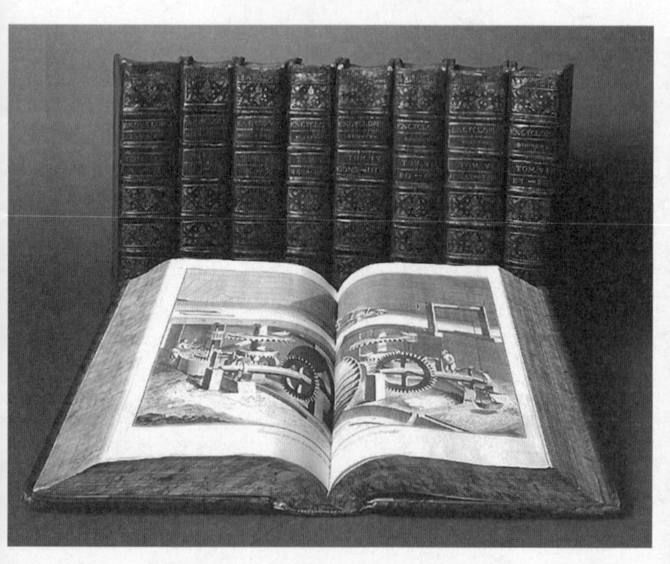

狄德羅主編的《百科全書》，堪稱人類歷史上最偉大的著作之一。

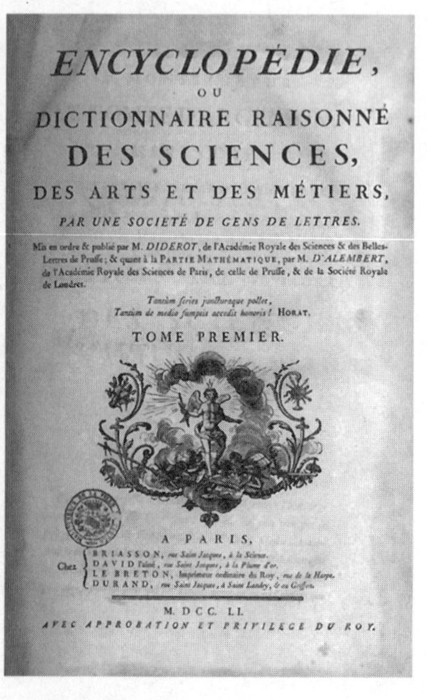

ENCYCLOPÉDIE,

OU

DICTIONNAIRE RAISONNÉ

DES SCIENCES,

DES ARTS ET DES MÉTIERS,

PAR UNE SOCIETÉ DE GENS DE LETTRES.

Mis en ordre & publié par M. *DIDEROT*, de l'Académie Royale des Sciences & des Belles-Lettres de Prusse; & quant à la PARTIE MATHÉMATIQUE, par M. *D'ALEMBERT*, de l'Académie Royale des Sciences de Paris, de celle de Prusse, & de la Société Royale de Londres.

Tantùm series juncturaque pollet,
Tantùm de medio sumptis accedit honoris! HORAT.

TOME PREMIER.

A PARIS,

Chez BRIASSON, *rue Saint Jacques, à la Science.*
DAVID l'aîné, *rue Saint Jacques, à la Plume d'or.*
LE BRETON, *Imprimeur ordinaire du Roy, rue de la Harpe.*
DURAND, *rue Saint Jacques, à Saint Landry, & au Griffon.*

M. DCC. LI.

AVEC APPROBATION ET PRIVILEGE DU ROY.

《百科全書》書影

或藝術與科學通用辭典》（*Cyclopædia: or, An Universal Dictionary of Arts and Sciences*）譯成法文出版。這部辭典於一七二八年出版，到一七四五年時已經發行到第五次修訂版。就在物色譯者的過程中，狄德羅進入了勒布雷頓的視野。經過一番協商，狄德羅接受了翻譯《百科全書》的工作，受聘為該書的編輯。

但是，在這項工作開始之後不久，狄德羅很快就發現，僅僅簡單地翻譯錢伯斯的辭典是不夠的。由於從初版到翻譯已經過了十餘年，書中的一些內容已經過時，而且還有許多重要內容（如工藝技術等）在書中卻完全沒有提及。

那是一個從思想到學術都在迅速變化更新的年代，作為這個時代的一位思想開明的哲學家，狄德羅認為，如果將一些過時的、不完全的東西冠以一個新的書名出版，將會引起學者們的公憤。他決定另起爐灶，重新編輯一部體現出人類知識體系、最新科技成就的百科全書。

這位三十出頭的年輕人滿腔熱情地投入到了他的宏圖之中。他很快擬定了編寫計畫，他本人親自擔任主編，同時力邀當時已蜚聲科學界的青年數學家讓・勒朗・達朗貝爾（Jean Le Rond D'Alembert）擔任副主編。在他的大力奔走之下，一大批著名學者聚集在狄德羅的周圍，參與到《百科全書》的編寫工作中。整部全書的撰稿人約有一百六十人之多——包括孟德斯鳩、伏爾泰、盧梭、孔多塞（Marie Jean Antoine Nicolas de Caritat, marquis de Condorcet）、魁奈（François Quesnay）、杜爾哥（Anne Robert Jacques Turgot）、伊豐神甫（Abbé Claude Yvon），忠實支持者則有畢豐（Georges-Louis Leclerc, Comte de Buffon）、孔狄亞克（Étienne Bonnot de Condillac）和愛爾維修

（Claude Adrien Helvétius），這些都是那個時代最有學問、最有思想的人，他們後來被冠以同一個名字：「百科全書派」（"Encyclopédiste"）。

一七五〇年，狄德羅發表了《百科全書》的序言。次年十月，《百科全書》第一卷（A字部分）問世，全名為《一個文人學者團體編纂的百科全書，或科學、藝術和技藝詳解辭典》（*Encyclopédie, ou Dictionnaire raisonné des sciences, des arts et des métiers, par une société de gens de lettres*）。《百科全書》的內容反映了啟蒙思想的特徵：反迷信、反狂熱、反宗教迫害、反專制、反社會不平。它是如此有力地發出了那個時代的先聲，以致當它的第一卷問世之後，立即就遭到了當局的攻擊和圍剿。一七五二年，《百科全書》第二卷出版後，國民議會立即下令禁止該書的發行，並要求沒收原稿。由於來自外部的打擊，達朗貝爾辭去了《百科全書》副主編的職務。一七六六年，出版商勒布雷頓又因祕密出版《百科全書》而被當局抓進監獄。

但是，所有這些都不能令狄德羅放棄。在極端困難的條件下，狄德羅獨自堅持工作。一七七二年，狄德羅二十八年的艱苦工作終於到達了終點。經歷諸般磨難之後，《百科全書》全部出齊，其中文字部分十七卷，圖版十一卷，共計二十八卷，含七萬一千八百一十八個條目、二千八百八十五幅插圖。狄德羅本人一共為《百科全書》撰寫了一千一百三十九個條目。

《百科全書》以分類條目的形式，薈萃了當時所知的大多數知識成就，正如狄德羅所說的那樣，這部書「收集散見於世界各處的知識，將它們傳遞給後代，以使過去世代的作品能夠有益於未來」。從此，百科全書成了一種十分重要的圖書類型，《百科全書》則被公認為第一部現代意義上的百科全書。

《百科全書》的價值還遠不止於此。事實上，它早已超越了一般性工具書，成為對啟蒙運動成果的一次全面系統的總結，為後人呈現了一幅啟蒙運動的完整畫卷。《百科全書》高揚科學和理性的大旗，批評迷信和專制，使無數讀者從中獲得了思想的啟蒙。因此，後人將《百科全書》譽為法國大革命的「兵工廠」。

狄德羅正在和參與《百科全書》編寫的學者們討論問題

《百科全書》中的一幅插圖

「邁向哲學的第一步，就是懷疑」

狄德羅所處的時代是一個新思想迅速傳播的時代，也是各種思想激烈交鋒的時代，而狄德羅和伏爾泰、盧梭等啟蒙運動思想家正是站在思想交鋒最前沿的人。他們的個人經歷也幾乎成為那個時代的縮影。

盧梭被後人視為法國大革命意識形態的直接製造者。作為那個時代最堅定的改革者，他極力主張「社會契約論」和「人民主權」，因此為法國專制政權所不容。他的不少著作由於無法在法國國內出版銷售，不得不在法國境外印刷出版，然後通過各種非法手段走私進國內出售。

狄德羅的處境與盧梭大抵相仿。由於他在書籍裡常常嘲笑王室顯貴，以及表達反宗教迷信的思想，使得他的寫作出版屢遭挫折

《百科全書》的傳播，撼動了社會上傳統的封建思想，並成為一七八九年掀起法國大革命的重要因素之一。實質上，狄德羅所希望的《百科全書》，就是「授予人們知識，使人民能夠掌握力量，進行全面而徹底的改造」的書籍。

。他的許多文章曾多次被查禁，國王的祕密員警還對狄德羅的家進行了搜查。他們翻箱倒櫃，抄走了狄德羅的很多書稿，其中包括《百科全書》頭兩卷的手稿，狄德羅本人也因此被關進了監獄，苦熬了三個月。幸運的是，當時法國新聞出版總監瑪爾澤爾布（Chrétien Guillaume de Lamoignon de Melesherbes）是一位思想開明的人士，信奉自由、改革。在他的斡旋下，《百科全書》的頭兩卷手稿最終逃過了被高等法院焚毀的命運，得以保留並出版。

官方的壓制並不能讓狄德羅停止思考。除了編寫《百科全書》之外，狄德羅寫過許多重要的哲學著作，還寫了一本對話體的哲理小說《拉摩的姪兒》（*Le Neveu de Rameau*），在當時影響很大。狄德羅於一七八四年七月三十一日逝世。在他離開人世的前一天，他留下了這樣一句至理名言：「邁向哲學的第一步，就是懷疑。」

「盛世盛事」

就在法國的「百科全書派」啟蒙思想家歷時近三十年編撰完成三十五卷《百科全書》時，紀昀、姚鼐、王念孫、戴震等飽學之士，正在紫禁城的四庫全書館裡，躬身伏案，纂修一部卷帙更為浩繁的大型圖書——《四庫全書》。

編纂《四庫全書》的目的在於對中國的典籍進行系統的整理。因此，首先需要整理圖書。《四庫全書》的底本有四個來源：一是內府藏書，二是清廷官修書，三是從各地徵集的圖書，四是從《

《欽定四庫全書》收錄了從先秦到清乾隆前期的眾多古籍，涵蓋古代中國幾乎所有學術領域。

永樂大典》中輯出的佚書。所有這些圖書經過分類後，由各纂修官將所進各個版本互相校勘，考訂其異同，並寫出摘要，撰寫各書考證，提出應抄、應刻、應存的具體意見，簽貼在各書的副頁上，進呈給乾隆皇帝御覽定奪。所謂應抄之書，就是認為合格的著作，可以抄入《四庫全書》。應刻之書，是認為最好的著作，這些著作不僅抄入《四庫全書》，而且還應另行刻印，以廣泛流傳。應存之書則是認為不合格的著作，不能抄入《四庫全書》，而在《四庫全書總目》中僅存其名，列入存目。

在纂修《四庫全書》的過程中，乾隆皇帝並未置身事外，事實上，《四庫全書》的編纂工作幾乎每一步都在他的目光注視下進行著。所有校刻各書，都需要在乾隆親自決定之後，才交付四庫館繕書處繕寫成冊。校對裝潢之後，再次進呈給乾隆皇帝。等乾隆信手抽閱，沒有發現什麼錯誤之後，才作為《四庫全書》抄寫的定本。

《四庫全書》採取了抄寫的方法，這樣無論從時間還是經費上來說都非常節省，而且版式也可以統一美觀。擔任抄寫的都是各地鄉試落第的秀才，擇其試卷字跡勻淨者予以錄用。在整個抄寫過程中錄用的抄寫人員，共達二千八百二十六人之多。為了保證進度，還規定了抄寫定額：每人每天抄寫一千字，每年抄寫三十三萬字，五年限抄一百八十萬字。五年期滿後，按照抄寫的字數和品質劃分等級，分別授予州同、州判等官職。整個抄寫工作十分壯觀，每天都有六百人從事抄寫工作，至少可抄六十餘萬字。

一七八二年一月十九日（乾隆四十六年十二月初六），第一部《四庫全書》終於抄寫完畢，全書近八萬卷之巨，裝訂為三萬六千三百冊、六千七百五十二函。此後，又陸續分抄六部。所有七部全書分別珍藏於北方的文淵閣、文溯閣、文源閣、文津閣（合稱「北四閣」）以及江南的文宗閣、文匯閣和文瀾閣（合稱「南三閣」），各部之間內容略有異同。相關的後續工作，直到一七九三年（乾隆五十八年）才全部完成。

擔任《四庫全書》纂修官的戴震，是清代著名的經學家、「乾嘉學派」的代表人物之一。

無論從這項工程所涉及的書還是人來說，《四庫全書》的纂修都無疑是中國文化史上的一件盛事。《四庫全書》共收書三千五百多部，存目約六千八百部，幾乎囊括了乾隆以前中國歷史上的主要典籍，因此成為中國傳統文化的總匯。這一工程為後世保存了大量古書，也使不少已經遺失多年的珍貴古書（如《舊五代史》、《五曹算經》等）重見天日。不僅如此，由於《四庫全書》的編纂，全國各處也掀起了刊刻叢書的熱潮，一批卷帙浩瀚、刻印精良的叢書相繼出版，其中包括《知不足齋叢書》、《小方壺輿地叢書》、《學津討原》等，成為那個年代一種特殊的文化現象。

《四庫全書》的編纂，從開館到第一部書成，歷任館職者共三百六十人。在擔任正副總裁官的二十六個人之中，有以經學著稱的紀昀、戴震，有以史學著稱的陸錫熊、邵晉涵，還有以校勘學著稱的周永年，皆為一代學術宗師。

《四庫全書》的編纂帶動了乾嘉學風的形成。在纂修《四庫全書》的過程中，戴震等一批考據派經學家當上了纂修官、分校官，輯佚校勘，考核辨證，成就很大，獲得了朝廷的讚賞。加上文字獄的頻繁，大量知識分子由此轉向專事考據，幾至「家家許鄭（許慎、鄭玄），人人賈馬（賈逵、馬融）」，考據學就在這樣的環境下急劇發展到鼎盛階段，形成了獨具特色的乾嘉學風，出現了王念孫、王引之父子的《廣雅疏正》，錢大昕、王鳴盛的《二十二史考異》和《十七史商榷》，阮元的《十三經注疏》等公認的名著。

編纂與禁毀

然而，儘管《四庫全書》編纂完成可稱大清盛世的文化盛事，但令人無法忽視的是，在這一盛

乾隆帝寫字像。圖中的他身著漢服，閒坐於案前，準備提筆行文。

事背後，卻有一道深深的陰影揮之不去。魯迅在〈病後雜談之餘〉中曾寫道：「乾隆朝纂修《四庫全書》，是許多人頌為一代之盛業的，但他們卻不但搗亂了古書的格式，還修改了古人的文章；不但藏之內廷，還頒之文風較盛之處，使天下士子閱讀，永不會覺得我們中國的作者裡面，也曾經有過很有些骨氣的人。」

乾隆編纂《四庫全書》的目的，正在於以此控制儒林。因此，對於那些有礙清廷統治的書籍，進行了毫不留情的禁毀。早在《四庫全書》纂修之初，乾隆下詔徵集圖書時，大量反清書籍陸續被發現。從民間徵得的大批書籍中，都發現了不少不利於清廷的言論和記載。震怒之下，朝廷發出禁毀「違礙」、「悖逆」之書的命令。先是抽毀，將書中不利於清廷的文字一一刪除。一旦發現抽不勝抽，便索性將整本書全毀。可以說，整個《四庫全書》的編纂過程就是寓禁於徵的過程。據統計，在長達十餘年的修書期間，禁毀圖書三千一百多種、十五萬一千餘部，銷毀書版也達八萬塊以上。禁毀書籍的數目幾乎趕上《四庫全書》收錄的典籍數量。在收入《四庫全書》的圖書中，也有不少刪節或挖改。

在禁書的同時，則是大興文字獄。在《四庫全書》開館纂修後的十五年裡，共發生文字獄四十八次之多，幾乎是整個乾隆年間文字獄次數的一半。而在纂修《四庫全書》的過程中，纂修者也是如履薄冰。總纂紀昀、陸錫熊和總校陸費墀等人，因有差錯而遭到多次呵斥、交部議處、罰賠等處分。陸錫熊甚至最終死於前往東北校書的途中，陸費墀則因無力負擔江南三閣的修改費用而被革職，最後落得個妻離子散、鬱鬱而終。

一邊是《四庫全書》，一邊是《百科全書》，一場文化的競賽就這樣在同一年代的東西方之間悄然展開，而輸贏其實就寫在這場競賽的每一個瞬間——這是生活在其中的人也許無法看出來的宿命，卻在時過境遷之後任人回味把玩。這像是一種巧合，但又不全是。同為那個時代的文化精英，一群人所孜孜以求的是為封建王朝「彰千古同文之盛」，另一群人則在意氣風發地敲響封建專制的喪鐘。起點處的分歧暗示了每一條道路、每一個拐點的差異，大清國的頹勢大約早在這些瞬間裡就已埋下了伏筆。

通商還是覲見

馬戛爾尼使團訪華事件

西元一七九三年
清乾隆五十八年

西元一七九三年九月十四日，大清乾隆五十八年八月初十，一次歷史性的會見在熱河避暑山莊進行。乾隆皇帝在那裡會見了一群遠道而來的英國客人——英國特使馬戛爾尼（George Macartney, 1st Earl Macartney）和他的助手。

在許多歷史學家的筆下，馬戛爾尼的這次率團來訪是十八世紀最耐人尋味的一幕，它不僅僅是兩個帝國的碰撞——不同的價值體系，不同的文化背景，不同的政治理念，所有這些差異，就在會見的那一刻強烈地碰撞於一處，它的影響甚至一直延伸到二百年後的今天。

一個是號稱「日不落帝國」的西方資本主義強國，一個是正處於鼎盛時期的東方巨龍，儘管在十八世紀的世界舞台上，兩個帝國都占據著重要的地位，但是直到一七九三年九月的這一天這一刻，兩個帝國之間的聯繫還僅限於很少的貿易往來。現在，歷史讓它們以這種方式面對面地相遇了。而在兩個國家各自的心中，這一次的相遇卻有著不同的意味。

一七九三年時的英國國王喬治三世

英國外交家喬治・馬戛爾尼勳爵

《乾隆戎裝大閱圖》是西洋畫家郎世寧在宮廷的重要作品之一，此圖描繪了乾隆皇帝於京郊南苑舉行閱兵式時的情景。

自信的外交官

一七九二年九月，當喬治・馬戛爾尼勳爵帶領的英國使團踏上了前往中國的漫長旅程時，風起雲湧的法國大革命正在強烈地衝擊著歐洲大陸的舊制度、舊觀念。那是一個急速變遷的時代，即使是當事人也未必能說清未來的日子將會如何走向。每一次革命並不總是給人承諾些什麼，但是身處其中卻能感受到它的力量，並且因此而身不由己。

而在與歐洲大陸一峽之隔的英國，此時也席捲著另一場革命。當時的英國，乃世界上最強大的資本主義國家。「日不落帝國」的名號正是生動的寫照。工業革命不僅使英國的物質財富急劇膨脹，更為英國人開啟了一幕新世界的圖景。也就是在這幅新世界的版圖上，他們「發現」了中國——那個古老而神祕的國度。

乾隆皇帝的八十壽辰為他們接近這個古老帝國提供了機會。既然是機會，也就意味著它只是一個來訪的理由，英國政府第一次官派訪華顯然並不只是祝壽這麼簡單，此中深意，作為團長的馬戛爾尼自然是心中有數。

喬治・馬戛爾尼勳爵是英國著名的外交官，曾任英國駐俄大使。一七九二年五月三日，他被英王喬治三世（George III）任命為「大不列顛國王向中國皇帝派出的特命全權大使」，並宣誓就任樞密顧問官。九月二十六日，馬戛爾尼帶領副使斯當東（George Leonard Staunton）等使團成員，從樸資茅斯港（Portsmouth）揚帆啟航，駛向中國。船隊的旗艦是裝有六十四門大砲的軍艦「獅子」號（HMS *Lion*），此外還有大型商船「印度斯坦」號（*Hindostan*）和「豺狼」號（*Jackall*）。使團中有軍事地圖繪製人員、情報人員、祕書、醫生、翻譯及化學、天文、力學、航海等方面的專家一百多人，加上水手和其他人員，總人數將近七百人。在當時只有八百萬人口的英國，這是個當之無愧的龐大使團。馬戛爾尼使團攜帶了多達六百箱的豐厚禮品，其中包括許多英國的最新科技成果。

在海上漂泊了漫長的九個月之後，馬戛爾尼使團抵達中國南部海岸。不久他們獲悉，乾隆皇帝已准許使團直接前往天津，在那裡登陸前往北京。一七九三年八月五日（乾隆五十八年六月二十三日），馬戛爾尼使團抵達天津白河口，受到了當地官員的熱烈歡迎。數日後，他們又被護送進京，然後又來到了當時乾隆皇帝駐蹕的熱河避暑山莊。

數月奔波，幾度輾轉，英國人圖的當然並不僅僅是賀壽送禮，他們更大的目標其實是希圖叩開東方清王朝的大門，為英國開闢新的海外市場。

然而在乾隆皇帝看來，這些番人不遠萬里而來為自己祝壽，正是自己威德遍及四海的象徵。他對此很是開心，委派軍機大臣兼理藩院尚書和珅負責接待。當時，和珅權傾朝野，是名副其實的「一人之下，萬人之上」的權臣。受到如此隆重的禮遇，馬戛爾尼也在暗自思忖，對於此番使命成功的把握又多了幾分自信。

馬戛爾尼使團抵達中國。圖中央的大型戰船便是「獅子」號。

馬戛爾尼使團贈送給乾隆皇帝的主要禮物

馬戛爾尼使團副使斯當東，他也是一位老練的外交家。

禮儀難題

不過，在隨後的日子裡，馬戛爾尼遇到的一些難題，卻讓這位外交官的信心打了不少折扣。

事情開始於八月十五日（陰曆七月初九）。就在使團即將抵達北京前夕，負責陪同的清廷官員向馬戛爾尼詳細介紹了此行的排程。除此之外，他們還向客人們介紹了種種必須注意的宮廷禮儀。此中的精微巧妙，每每令馬戛爾尼歎為觀止。

難題就在這時開始出現。清朝的官員告訴馬戛爾尼，他們認為英國人的服裝不甚方便，不如中國式服裝「寬鬆自由」，無論站立、曲膝下跪還是匍匐在地都毫無問題。所以，他們強烈建議客人們在覲見皇帝之前把這些服飾換掉。

但服飾問題只是一個序幕，重頭戲還在後面：清廷官員們非常嚴肅認真地提出，英國人應該按照中國的禮儀拜見乾隆皇帝。

使團副使斯當東後來在《英使謁見乾隆紀實》（*An Authentic Account of an Embassy from the King of Great Britain to the Emperor of China*）中這樣寫道：

在中國，所有人間的優點和美德被認為都集於皇帝一人之身。中國廣大臣民的心目中除了皇帝以外，世界上所有其餘都無足輕重。他們認為皇帝的統治普及全世界。在這樣的觀念之下，他們對皇帝的臣服關係是無限的，而他們認為外國或外國人同他們的皇帝的關係和他們沒有什麼區別。假如他們在皇帝不在的時候向御座行供獻禮，自不待言在謁見皇帝的時候要行拜見禮了。中國人稱這個禮為「叩頭」，它包括雙膝下跪，前額碰地九次。實際上很難想像世界上還有什麼禮節比它更表示行禮者的恭順卑賤和受之者的神聖崇高了。

在自己的日記中，馬戛爾尼寫道：「在中國禮儀形式是雙膝下跪，三跪九叩。這項禮儀從來沒有也不可能被豁免。我告訴他們，我們的禮儀有所不同，儘管我願意以最大的熱忱去取悅中國皇帝，但我的首要職責是取悅於我的君主，如果他們確實非常反對我奉行英國禮儀的話，我一到北京，就會給他們送去我的書面答覆。」

八月二十九日（陰曆七月二十三日），馬戛爾尼在三思之後，自認為找到了一條妙計。他在使團住所的會客廳裡掛上了英國國王和王后的畫像，並向接待官員徵瑞遞交了一份書面答覆：

英王陛下抱著最崇高的敬意派遣使節覲見中國皇帝陛下，本特使應以無限熱忱來表達英王陛下的這種崇高的敬意。為了避免失儀，和向尊嚴偉大的皇帝陛下表達地球上最遠和最大國家之一的崇高敬意，本特使準備執行貴國臣民和貴國屬地君主謁見貴國皇帝陛下時所行的一切禮節。本特使準備在下述條件下這樣做：貴國皇帝欽派一位同本特使地位身分相當的大員穿著朝服在英王陛下御像前行本特使來貴國皇帝面前所行的同樣禮節。本特使認為皇帝陛下定能鑒諒其中的必要性而加以俯允。這樣做就可以使本特使既能向貴國皇帝致敬，而又不損及他所代表的本國國王在世界列強中的崇高地位，雙方都能得到滿意。

但是馬戛爾尼的建議並未被接受。「天無二日，民無二王」，怎麼能讓至高無上的皇帝和一個蠻夷之國的君主享受同等待遇呢？再說，中國的大臣只能向皇帝叩拜，怎麼能向外國人叩拜呢？

互惠還是恩賜

單膝下跪還是雙膝下跪，乍看起來只是一場禮儀之爭，但是，透過禮儀的表面，人們看到的其實還是兩種不同思維體系之間的矛盾。

九月十一日（陰曆八月初七），在承德避暑山莊，馬戛爾尼曾與和珅進行過一次頗有趣味的會談。在談話中，「和珅注意到交趾支那是中國的『進貢國』，就問，義大利和葡萄牙是不是英國的『進貢國』。馬戛爾尼回答說，儘管英國時常為義大利和葡萄牙提供保護，但它們不是進貢國。從這次討論中，馬戛爾

乾隆的寵臣和珅

尼了解到，『一種涉及帝國權勢與獨立的公開的宣稱和有傾向性的觀念是：帝國與外國的任何一項貿易都不是為了互惠互利，而是源自前者對後者的仁慈與恩賜』。」

是互惠還是恩賜，這個問題同樣體現在對使團所帶來的禮物的態度上。在馬戛爾尼使團的禮品目錄上，我們看到了大量品質優良、以最現代化的手段生產出來的物品：在現代的窯裡製成的陶器和瓷器、掛毯、地毯、馬鞍、兩駕黃色馬車、毛瑟槍、手槍、劍、砲、布料、羊毛、枝形掛燈等等。最重要的禮物是一台精心設計的天象儀，以及其他一些各種各樣的天文設備。另外，還有許多描繪英國王室生活場景以及城鎮風光的繪畫，甚至還有一艘完整的「皇家君主」號（HMS *Royal Sovereign*）戰船模型，船上有整整一百一十門大口徑的銅砲。所有的禮物只有一個目的——引起乾隆皇帝的好奇心。正如使團副使斯當東說的，「任何弘揚科學、促進藝術的方法和手段都將給皇帝留下更為牢固而永久的愉悅，他的生命閱歷很自然地引導他在每一件事物上去尋求那種易於感受的效用」。

在英國人看來，這些都是英國人送給中國皇帝的禮物，而在清朝的官員們看來，它們則是貢品。斯當東回憶說：

> 在這樣的精神指導之下，中國官員在載運使節團的船和車上插著用中國字書寫「英國特使進貢」字樣的旗子。無疑這是他們奉上級命令做的。但中國人並沒有向特使正式解釋這幾個中國字的意義，特使也就視若無睹，未向中國提出異議。特使怕過早提出這個問題

來，招致中國方面勒令特使回國，因而前功盡棄。但無論如何，這幾個字的意義是惹人注意的，它會一再登載在中國政府的邸抄上，登載在實錄中，通過住在這裡的俄國人和其他國傳教士們傳到歐洲去。特使有鑒於此，無論中國方面怎樣寫法，他本人隨時警惕不使自己的任何言行有失體統，致貽英王陛下之羞。

明明是準備來敲開清朝的門戶，卻居然被當成了不遠萬里而來的朝貢者，當兩種思維以這種方式撞擊到一處，這樣的結局真有些令人哭笑不得了。

不尋常的儀式

九月十四日（陰曆八月初十），乾隆皇帝在熱河避暑山莊的萬樹園，接見了馬戛爾尼等人。在乾隆休息的帳篷裡，英國使團中的四個人拜見了皇帝，並呈獻了一些小禮品，而皇帝則回贈了一些玉石為禮物，並饒有興趣地聽副使的兒子——十三歲的小斯當東——講了他在遙遠的路途上所學的中文。

關於這一次會見的情景，馬戛爾尼後來曾回憶道，一走進帳篷，他就步上靠邊的階梯向前走，一直走到乾隆皇帝面前，然後單膝下跪，把一個鑲有珠寶的盒子呈遞到乾隆手中。盒子裡裝著的，是英王喬治三世致乾隆皇帝的祝壽信函。

馬戛爾尼使團隨團畫家繪製的乾隆皇帝像

乾隆皇帝老年半身像

在帳篷外，百官正在恭候乾隆皇帝的駕臨。

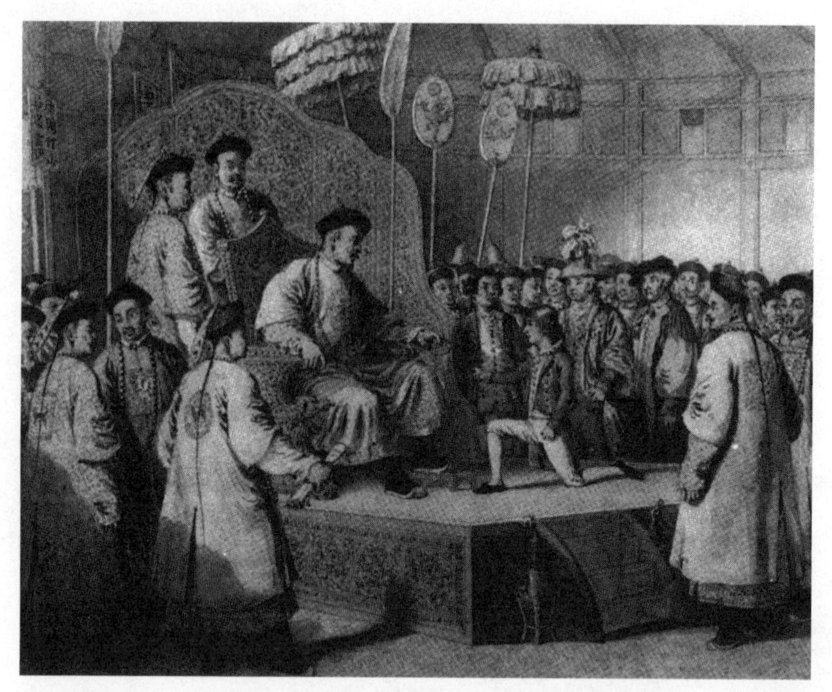

在隨團畫家筆下，乾隆皇帝接見馬戛爾尼使團時，小斯當東單膝下跪行禮。

馬戛爾尼覲見乾隆時的情景。此圖出自使團成員約翰・巴羅（John Barrow）所著的《中國旅行記》（*Travels in China*）。

對於同一件事，《清史稿‧高宗純皇帝本紀》則記載說，英國使節馬戛爾尼等雖然不習慣叩頭，但一到皇帝面前，還是跪下去了。

關於馬戛爾尼在朝見乾隆皇帝時，是不是行了三跪九叩禮，相關史料記錄並不相同。現在比較得到公認的看法是，在這次的非正式宴會上，英國人行的是單腿下跪的英國禮。而三天後在乾隆的「萬壽盛典」上，馬戛爾尼確實是用中國式禮儀來拜見乾隆皇帝的。這似乎意味著，原是各不相讓的雙方為了這次會見而各退了一步。

但是，乾隆皇帝雖然表面上對英國人的粗鄙無禮頗加寬容，內心卻因此頗為惱怒：「現在嘆咭唎（英吉利）國使臣等前來熱河，於禮節多未諳悉，朕心深為不愜。」他認為「此等無知外夷，亦不值加以優禮」。

乾隆的這個態度無疑為此後雙方的談判定下了基調。

「此事斷斷難行」

以祝壽為由，希圖打開中國市場，為了實現這一目標，馬戛爾尼除了在所呈之英國國王向乾隆皇帝祝壽之表文中請求派使駐京外，還提出了以下一些要求：

增加通商口岸，允許英國商船在珠山（今浙江舟山）、寧波、天津等處經商，並允許英國商人在北京設立洋行，以便買賣貨物；

在珠山、廣州附近割一個小島或一小塊空地出來，為英國商人使用；

對英商貨物實行免稅或減稅；

允許英國人在華自由傳教。

這些要求的核心就是希望能夠與清朝進行大規模的貿易，而在貿易背後亦有殖民擴張的意圖。而在此時，大清帝國還沉浸在天朝上國的美夢之中，它自然不可能允許一個西方國家與其平起平坐地建立外交關係，也不可能破例讓英國在北京設大使，或者在廣州之外為英國開放更多的通商口岸。特別是英國人提出在珠山、廣州附近撥一個小島或一處地方供英國商人使用，這種無禮要求顯然是乾隆皇帝所無法接受的。於是，乾隆皇帝對英國方面的要求斷然拒絕，因為英國人開出的條件「皆係更張定制，不便准行」。

在給英國國王的敕諭中，乾隆是這樣說的：

朕批閱表文，詞意肫懇，具見爾國王恭順之誠，深為嘉許。……至爾國王表內懇請派一爾國之人，住居天朝，照管爾國買賣一節，此則與天朝體制不合，斷不可行。……況西洋諸國甚多，非止爾一國，若俱似爾國王懇請派人留京，豈能一一聽許？是此事斷斷難行。豈能因爾國王一人之請，以致更張天朝百餘年法度？

原來，乾隆之所以不允許英國人開出的條件，只不過是不符合天朝對四夷的傳統習俗而已！更何況他還有更多一層的考慮：如果給你英國人如此待遇，那麼法國人、德國人還不都得如此，大清天下豈不就亂套了？

無奈的離去

在乾隆和清朝官員的眼中，這些高鼻子藍眼睛的英國人與其他國家的朝貢者幾乎沒有什麼不同。朝廷負責處理進貢事宜的理藩院將他們與蒙古的貝勒王公或者緬甸、越南的使臣相提並論，皇帝則為了嘉獎他們向化中華的誠心而加以賜宴，並獎賞各種禮物。然後，他們就可以被打發走了。

大清國的制度規定，凡是外國使者，在京逗留的時間不能超過四十天。於是，馬戛爾尼原準備在北京過春節的計畫，就這樣被毫不客氣地拒絕了。在清廷看來，被視為朝貢者的英國使團在獻上全部貢物及收取天朝回贈的禮物之後，已經完成了所有任務。既然如此，英國

攜帶著聖旨的傳令官員

人已經沒有留在大清國的必要了。

為了儘早送走馬戛爾尼使團，清廷想出了種種理由：先是以天氣太冷、河將上凍不利返航為由，委婉逐客，但馬戛爾尼並不準備輕易放棄，而是堅持繼續與乾隆會商。於是，清廷官員徑直將乾隆致英王的國書送至英國使團駐地。如此這般往來幾番，馬戛爾尼使團終於在萬般無奈之下踏上了歸航之路。

曾經一度頗有信心的外交官馬戛爾尼就這樣帶著些遺憾離開了北京。雖然沒有達到目的，但他已經對這個東方帝國有了清楚的認識。他十分肯定地說：清王朝好比一艘破爛不堪的頭等戰艦，勝過鄰船的地方，只有體積和外表。他還非常有預見性地宣稱，英國一定會從這個古老的國度得到相當大的好處。

祖功宗德逮遙瀛

對於一七九三年中英兩國的這一次相遇，後來的人們給出了各種各樣的解釋。儘管在當事人看來，它不是什麼特別重要的偶然事件，但卻引起了歷史學家的密切注視。美國學者何偉亞（James Hevia）在他的著作《懷柔遠人》（*Cherishing Men from Afar: Qing Guest Ritual and the Macartney Embassy of 1793*）中評論說，對馬戛爾尼使團的解釋「不是被看作生機勃勃的擴張性的西方對停滯的閉關自守的東方，而是被視作兩個擴張性的帝國——滿族多民族帝國和大英帝國的相遇」。歷史學家汪榮祖則評價說：「對於乾隆來說，他並不是要採取閉關政策，而是要捍衛他自己的世界秩序，這對他龐大帝國的安全與和平至關重要。在他的思維裡，讓英國在北京長駐使節或把民族國家體系強加到中國，是完全不可能的。」

歷史的許多細節早已湮沒在時間的長河之中，不過，從軍機處檔案收藏的一首乾隆就馬戛爾尼覲見所作的詩❶，我們也許可以窺見乾隆對待這些蠻夷的態度：

> 博都雅❷昔修職貢，嘆咭唎今效藎誠；
> 豎亥橫章輸近步，祖功宗德逮遙瀛。
> 視如常卻心嘉篤，不貴異聽物詡精；
> 懷遠薄來而厚往，衷深保泰以持盈。

原來，在乾隆的心目中，這些遠來之人乃是敬畏於清朝的祖宗之德，來向他「效藎誠」，所以，當他發現這些人居然謀求平等的通商之後，他的態度自然就完全不同了。

在一份給英國國王的敕諭中，乾隆以天朝特有的傲慢說出了這樣一段話：

> 天朝物產豐盈，無所不有，原不藉外夷貨物以通有無。特因天朝所產茶葉、磁器、絲觔為西洋各國及爾國必需之物，是以加恩體恤，在澳門開設洋行，俾得日用有資，並霑餘潤。今爾國使臣於定例之外，多有陳乞，大乖仰體天朝加惠遠人、撫育四夷之道。且天朝

統馭萬國，一視同仁，即在廣東貿易者，亦不僅爾嘆咭唎一國，若俱紛紛效尤，以難行之事，妄行干瀆，豈能曲徇所請。

英國使團如何行禮跪拜，這個問題是如此重要，以致乾隆和滿朝官員一次次為此而交涉，不惜付出無數寶貴的時間。與此形成鮮明對照的是，他們對於使團帶來的天文望遠鏡、地理儀器、鐘表、船隻模型和武器等等東西，表現出不屑一顧的態度。再過了不久，甚至馬戛爾尼和他的使團也很快就被清廷遺忘了。他們所帶來的禮物被陳列在圓明園裡，等待皇帝觀賞。數十年後，當英法聯軍占領圓明園之後，他們發現了這些禮物。其中的大砲和槍枝彈藥，竟然一發不少。原來，中國人竟然從未有興趣動過它們！

在馬戛爾尼使團此次訪華的二十三年後，即一八一六年（嘉慶二十一年

乾隆皇帝仰仗其在位時強大的國力，以天朝自居。為了弘揚清朝的威德，他諭令宮廷畫家創作了五幅反映各國使臣恭賀大清王朝新春之喜的作品《萬國來朝圖》，其中左上角旗幟上寫的是英吉利國，即現在的英國。

），英國國王喬治三世第二次派遣使團訪華，再度向清廷提出通商的要求。這個使團的正使是阿美士德（William Pitt Amherst），而當年馬戛爾尼使團的副使斯當東之子湯瑪斯・斯當東（George Thomas Staunton）則成了這次的副使。可是，因為拒絕向嘉慶皇帝行三跪九叩禮，阿美士德使團被清政府驅逐出境。

二百年後再回首，以前的一段禮儀之爭總能引來諸多感喟。在世界急速變遷的那個年代，中國的大門卻依然緊閉，外面的世界再精采，似乎也趕不上守住祖訓家規更重要。於是，當時間一年一年在不知不覺之中滑過，東西方之間也漸漸失去了平衡，世界成了一邊倒的舞台。半個世紀後，侵略者的堅船利砲粉碎了這個帝國的最後安寧。

編註

❶此詩名為〈紅毛暎咭唎國王差使臣嗎嘎爾呢等奉表貢至，詩以志事〉。

❷博都雅，即葡萄牙。

權力的交接
乾隆禪位與華盛頓卸任

西元一七九六年
清嘉慶元年

西元一七九六年二月九日，大清嘉慶元年正月初一。這不是一個普通的早晨，是大清國開國以來前所未有的一次儀式讓這個早晨變得不普通。就在這一天的清晨，紫禁城浸沉在一片莊嚴肅穆的氣氛中。在肅立於太和殿兩旁的王公大臣注視下，乾隆皇帝向三十八歲的皇太子顒琰親授「皇帝之寶」國璽。從這一刻起，乾隆成了「太上皇」，而顒琰則成為清朝的新皇帝——嘉慶皇帝。

這是大清國唯一的一次帝位禪讓儀式，也是中國數千年歷史上的最後一次禪讓儀式。當禪讓的鐘聲響起，清王朝進入了嘉慶紀元。

無獨有偶，在太平洋彼岸，一個年輕的共和國也進行了一場最高權力的交接。被尊為「國父」的美國第一、二任總統喬治・華盛頓（George Washington）堅決地拒絕了任何讓他繼續留任的建議，宣布就此離開政壇。接替他成為新一任總統的，是給他當了八年副手的約翰・亞當斯（John Adams）。

約略翻一翻歷史年表，我們就會發現，在乾隆皇帝和華盛頓之間有著許多相似之處，作為當時的兩位雄主，他們不但移交權力的活動幾乎同時進行，而且兩人居然在同一年（一七九九年，嘉慶四年）去世。這樣一種時間上的巧合往往會引得人浮想聯翩，但是更深入地探究下去，我們就會發現，儘管乾隆皇帝和華盛頓的權力交接有諸般相似，但隱藏在那後面的，卻是兩種截然不同的權力觀。

「朕雖然歸政，大事還是我辦」

清聖祖康熙皇帝是清朝最有作為的皇帝，在位時間長達六十一年。乾隆的歸政也正源於此。為了表示對祖父康熙的尊重，乾隆皇帝早在一七七八年十一月九日（乾隆四十三年九月二十一日）就昭告天下：「朕踐阼之初，曾焚香告天云：昔皇祖御極六十一年，予不敢相比。若邀穹蒼眷佑，至乾隆六十年乙卯，予壽躋八十有五，即當傳位皇子，歸政退閒。」此後，在年節、慶壽宴會、巡幸、祭祀等場合，乾隆多次重申，他會在登基六十年後將帝位禪讓給自己選定的接班人。

也許是天從人願，乾隆果然順順當當地活到了八十五歲。一七九五年十月十五日（乾隆六十年九月初三），乾隆冊立皇十五子顒琰為皇太子，宣布次年正月初一正式禪位。

君無戲言。禪位大典就這樣如期舉行。在太和殿內，乾隆向顒琰親授「皇帝之寶」國璽，顒琰雙膝下跪，接過了象徵至高無上的權力的國璽。

乾隆皇帝晚年朝服像。其鬚髮皆白，老態龍鍾。

嘉慶皇帝朝服像。他與父皇之間的權力交接，曾有長達三年的尷尬期。

不過，接過國璽並不意味著權力在握。已然做了皇上的嘉慶不久就發現，自己雖然榮登大寶，但卻如同一個木偶，而操縱著木偶的不是別人，正是已經歸政的太上皇。

其實，早在冊立皇太子時，乾隆就明確表示：「歸政後，凡遇軍國大事及用人行政諸大端，豈能置之不問？仍當躬親指教，嗣皇帝朝夕敬聆訓諭，將來知所稟承，不致錯失……」在禪位詔書裡，乾隆再次重申了這一點：「凡軍國重務，用人行政大端，朕未至倦勤，不敢自逸，部院衙門及各省題奏事件，悉遵前旨行。」

現在已經是「太上皇帝」的乾隆，仍然用「朕」自稱，頒旨稱「敕旨」，仍然居住在皇帝寢宮養心殿，而沒有移居寧壽宮——那是他為自己「歸政」後養老而特意擴建的。與此同時，新皇帝嘉慶只能稱「嗣皇帝」，居於本是皇子居所的毓慶宮（乾隆賜名為繼德堂）。一應軍國政事，嗣皇帝都要在太上皇帝的「躬親指教」下辦理。所有的舊有官員進京陛見或新官員離京赴任，都必須先請太上皇帝訓話。乾隆經常御太極殿，受百官朝賀，嘉慶則處於陪侍的地位。

顯然，乾隆雖然禪位，卻仍然是這個帝國的最高統治者。為了讓臣民們明白這一點，朝廷可謂煞費苦心。他們規定，臣子們上書上表，遇「天」、「祖」二字需抬高四格書寫，遇「太上皇帝」字樣需抬高三格書寫，而遇「皇帝」字樣只抬高二格書寫。「嗣皇帝」過生日稱「萬壽」，「太上皇帝」過生日為「萬萬壽」。更有甚者，雖然已經改元「嘉慶」，但宮中卻仍用「乾隆」紀年，連戶部造的銅幣，也必須特製一些「乾隆通寶」。

或許在乾隆的眼裡，已經三十八歲的嘉慶仍然是個孩子，雖已被他扶上馬，卻還需要再送一程

乾隆臨摹皇祖父康熙的「無為」匾額，在上面可以清晰地看出「乾隆六十二年」的字樣。

郎世寧繪製的《乾隆帝觀畫像》，上方蓋有「太上皇帝之寶」的印章。

製於乾隆六十年的「太上皇帝之寶」。這是清宮帝后寶璽中最大的一方，體現了太上皇權力的至高無上。此寶製成後，一直擺放在寧壽宮皇極殿的御案上。

。所以，他雖然已經歸政，但並不打算從此優游林泉。在接見前來祝賀冬至的朝鮮使者時，乾隆說：「朕雖然歸政，大事還是我辦。」朝鮮使者對此留下了深刻的印象，他們向國王報告說，嘉慶皇帝「終日宴戲，初不遊目，侍坐太上皇，上皇喜則亦喜，笑則亦笑」；「宴饗之時，侍坐上皇之側，只視上皇之動靜，而一不轉矚」。好一副孝子模樣！

嘉慶即位之時，正是白蓮教起義鬧得風風火火的時候。一七九八年，嘉慶皇帝已在位三年有餘，但乾隆仍在為鎮壓川、楚、陝白蓮教起義而處處操心。此時的乾隆已年近九旬，儘管看起來精神矍鑠，但是記憶力已在急劇衰退。朝鮮使臣曾說，此時的乾隆「昨日之事，今日輒忘；早間所行，晚或不省，故侍御左右，眩於舉行」。

雖是老邁之軀，乾隆卻始終牢牢把持權力不放。這位早已歸政的太上皇通過自己的寵臣和珅，發布著各種諭旨。這也給了和珅以可乘之機，他藉傳達乾隆諭旨的機會，不斷干預朝政。嘉慶雖對此非常不滿，卻無可奈何。

然而，權力握得再緊，也終有撒手之日。一七九九年二月七日（嘉慶四年正月初三），乾隆駕崩。至此，乾隆的實際執政時間長達六十三年有餘，成為中國歷史上執政時間最長的皇帝。在此前一日，當嘉慶皇帝侍疾於養心殿之時，乾隆握住這位年輕皇帝的手，「拳拳弗忍釋」。這其中除了父子之情，是不是也包含了他對權力的最後依戀呢？

解甲歸田的總司令

就在大清國舉國為乾隆的薨逝而披麻戴孝的同一年，在地球的另一端，無數的人也在為一個人的逝世而悲痛難忍。

這個人原本可以成為一位開國之君，但他卻棄之如敝屣。他在逝世時也並不是國家的最高領導人，雖然他曾經在這個位子上為他的同胞效力了八年之久。他就是喬治・華盛頓。

華盛頓無疑是美國開國元勳中最無可替代的一位。作為大陸軍總司令，他的手下是一群從農村臨時招募的新兵，缺乏基本的軍事訓練，衣衫襤褸、裝備簡陋，而對手卻是號稱「日不落帝國」的當時世界上最強大的軍隊。然而，華盛頓卻憑藉過人的膽略和勇氣，率領著這樣一群人艱難奮戰，最終取得了北美獨立戰爭的勝利。

戰爭剛剛結束，華盛頓就明確表示，他將解甲歸田，化劍為犁。一七八一年十二月二十三日，華盛頓鄭重地向大陸議會（Continental Congress）——美國當時的最高權力機構——奉還軍職。他莊重宣示：「使我辭職的偉大事業終於發生了，我現在有幸向大陸議會致以真誠的祝賀，並要求他們收回對我的信任，允許我不再為國家服務……長期以來，我一直是按照這個莊嚴的機構的命令行事的。在向這個莊嚴的機構親切告別之際，我在這裡交出我的任職令，並結束公職生活中的一切工作。」據記載，當時幾乎所有在場的人都流下了熱淚。

征戰中的喬治・華盛頓，筆直地坐在馬背上，他的神情像手中的劍一樣堅毅地指向勝利。

從容瀟脫的華盛頓，毫不戀棧權力。

被尊為美國「國父」的華盛頓

古往今來，有多少次革命難以善終，起因皆是領袖由於權力無限膨脹而最終凌駕於人民之上。華盛頓卻用一個舉重若輕的交權儀式，奠定了美國軍人聽命於民選政府的傳統。華盛頓的辭職給這個新生的國家，也給世界開創了一個影響深遠的先例。

辭職的華盛頓回到了家，回到了自己的農場，過上了平靜的半退隱生活。

拒絕黃袍加身

終於獨立了，美國人歡欣鼓舞。但是這樣的歡樂並沒有持續多久，一個新的問題便又擺在他們面前。當時，由十三個州的代表組成的大陸議會非常軟弱無力，甚至無權向各州徵稅，只能靠各州攤派所得運轉，入不敷出，連百戰功高的將士的薪餉也常常被拖欠。許多人由此認為，共和制不是一個合適的政體，獨立後的美國應該實行君主制，由一個獨攬大權的人物來統治國家。一股要求實行君主制的浪潮在新大陸上湧動著。

那麼，在這塊由移民組成、不存在世襲貴族的新大陸，誰應該成為新的君主？在許多帝制的熱心者眼裡，華盛頓無疑是最合適的人選。他是當時美國軍隊的總司令，還擁有國家最高的行政權力，而且人格高尚，受到全民的擁戴。況且又是他帶領美國打贏了獨立戰爭，「打江山，坐江山」，原本就是順理成章！

就在這個新生的國家面臨著不同的分岔路口之時，作為開國元勳的華盛頓以他再明確不過的態度，為這個國家的未來做出了抉擇。當老部下路易斯・尼古拉（Lewis Nicola）上校在一七八二年五月致信華盛頓，向他勸進時，華盛頓卻將其視為「對國家禍害最烈之事」，毫不猶豫地拒絕了。

華盛頓堅定地拒絕了那頂金燦燦的王冠，也為美國成為民主制國家開闢了道路，而那扇通往君主制的門就這樣被悄然關閉了。

「選舉告終之時，即暴政開始之日」

為了改變大陸議會軟弱無力的狀況，美國迫切需要制定一部新的聯邦憲法，締造一個全新的強有力的聯邦政府。一七八七年，制憲會議（Constitutional Convention）在費城（Philadelphia）召開。湯瑪斯・傑弗遜（Thomas Jefferson）稱這次制憲會議是一群「神人」的聚會。來自全美十三個州的代表會聚一堂，用自己的智慧締造出了一部堪稱完美的憲法草案。

作為制憲會議中不可或缺的人物，華盛頓參加了會議，並被推舉為會議的主席。但是，華盛頓並沒有濫用他的權力。在會議上，他從來不就任何具體問題發表意見，以免自己

華盛頓正在主持制憲會議

的觀點影響他人。他只是竭盡全力，用自己的威望和影響力，為代表們之間的相互溝通創造氣氛，起到平衡和協調的作用。

最終，制憲會議取得了巨大的成功。所有代表都同意，成立一個強大的聯邦政府，並將行政權力賦予一人——美利堅合眾國的總統。

制憲會議的代表們認為，防止專制比其他任何一切都更重要。約翰．亞當斯說了一句頗為極端的話：「一年一次的選舉告終之時，即暴政開始之日。」為了防止總統的權力過大，這些開國先賢煞費苦心。班傑明．富蘭克林（Benjamin Franklin）等人力主對總統的彈劾權，指出：「如果不保留彈劾權，那就只有靠暗殺來擺脫一個腐化的最高行政長官了。」有人還挖苦關於總統任期為十五年的提案：「最好是二十年，因為這是國王執政的平均年限！」而最後通過的憲法充分體現了立法、行政、司法三權分立的原則，並以憲法的形式將總統的選舉、任期等最終確立了下來。

堂堂正正地告別

聯邦憲法的通過，揭開了華盛頓人生中新的一頁。當時所有的人都認為，美國第一位總統非華盛頓莫屬。選舉團的選舉說明了一切。一七八九年一月四日，代表們在各州的州府各自進行投票，不可能相互聯絡，但人們都投了華盛頓的票。他成為美國歷史上的第一位總統，第一位全票當選的總統，第一位沒有任何黨派身分的總統。

獲悉自己當選總統後，華盛頓表示：「我將下定決心，別無他顧，竭盡全力為民效力，以期能在適當的時機儘早解除這一職務，使我再次隱退，以便在驚濤駭浪之後，度過平靜的晚年，以享天倫之樂。」一七八九年四月三十日，在萬眾注目中，華盛頓邁著堅定而莊重的步伐走上就職的陽台，手按《聖經》，在大法官的主持下莊嚴宣誓。四年後的一七九三年，華盛頓再次當選總統。

對於憲法確立的總統任期，華盛頓成為第一個執行者。一七九六年九月十七日，他在第二屆總統任期結束前，發表告別演說，宣布退出候選總統的行列。當年十二月，美國國會選舉約翰・亞當斯為第三任總統。

華盛頓的告別宴會於一七九七年三月三日晚舉行。次日，新總統約翰・亞當斯宣誓就職。亞當斯事後曾這樣描述交接的歷史性場面：「真是一個莊嚴的場面。將軍的光臨使我感動萬分，他的表情同天氣一樣安詳開朗；對於我，他似乎是享受了一次勝利，我好像聽他說：『唉，我堂堂正正地卸任，你堂堂正正地就職，看我們兩人誰最幸福！』儀式結束，他走過來，熱情地祝賀我並希望任職幸福、成功和榮耀。」

幾天後的三月九日，華盛頓全家離開當時的首都費城，從此走下喧囂的政治舞台。一七九九年十二月十三日，華盛頓冒著風雪巡視自己的農場，結果當晚即患上急性咽喉炎。因為不願在晚上打擾別人，直到第二天上午才請醫生，病情因此延誤，於當晚去世。消息傳來，舉國悲痛。

作為美國的開國元勳、首任總統，華盛頓以他的行動為後來者確立了典範。此後，在美國二百多年的歷史中，除了第二次世界大戰中的羅斯福（Franklin Delano Roosevelt）總統之外，所有的總

華盛頓宣誓就任美國第一任總統

華盛頓與共事多年的官員們深情告別

退休後回到自家農場中的華盛頓

統都遵循了這條二任之內引退的慣例。一九五一年，美國國會通過了一項憲法修正案，將這一慣例以法律形式固定了下來。

清人眼中的華盛頓

有華盛頓這樣一位德才兼備的人作為首任總統，美國無疑是幸運的。翻開南美和非洲各國的歷史，我們經常可以看到，即使是一個以民主憲法為開端的新國家，要墮落成為軍事專制國家也是易如反掌。然而，華盛頓卻以他崇高的人格與威信，以主動讓權、決不戀棧的行為，開創了一個至今讓人們感歎不已的先例。

華盛頓的崇高品格不僅被美國人永遠銘記，甚至在大洋彼岸的中國人也曾對之欽佩不已。在美國首都華府市中心聳立著一座華盛頓紀念塔，其內牆壁鑲嵌有一百八十八塊由私人、團體、各城市、各州和其他國家捐贈，鐫刻著各種圖案和歷史故事的紀念石碑，其中有一塊長方形碑，高一・六公尺，寬一・二公尺，上面用中文寫道：

> 欽命福建巡撫部院大中丞徐繼畬所著《瀛環志略》曰：按華盛頓，異人也，起事勇於勝廣，割據雄於曹劉。既已提三尺劍，開疆萬里，乃不僭位號，不傳子孫。而創為推舉之法，幾於天下為公，駸駸乎三代之遺意。其治國，崇讓善俗，不尚武功，亦迥與諸國異。

余嘗見其畫像，氣貌雄毅絕倫。嗚呼，可不謂人傑矣哉！米利堅合眾國以為國，幅員萬里，不設王侯之號，不循世及之規，公器付之公論，創古今未有之局，一何奇也！泰西古今人物，能不以華盛頓為稱首哉！

大清國浙江寧波府鐫　耶穌教信輩立石
咸豐三年六月初七日　合眾國傳教士識

這塊碑是一八五三年七月十二日浙江寧波府所刻，其文字則來自徐繼畬的《瀛環志略》（或作《瀛寰志略》）。徐繼畬，字健男，號松龕，山西五台縣東冶鎮人，生於一七九五年（乾隆六十年），卒於一八七三年（同治十二年）。由於長期在福建等沿海地區供職，從而與外部世界有了密切的接觸，成為近代中國睜開眼睛看世界的先驅之一。一八四二年（道光二十二年），徐繼畬到北京晉見道光皇帝。道光發現他對海外形勢與各國風土人情頗為熟悉，責成他纂書進呈。《瀛環志略》就是他數年心血之作。

在《瀛環志略》中，徐繼畬不僅介紹了西方的地理，更對西方的民主制度褒揚有加。在敘述美國獨立戰爭的勝利並建立資產階級民主制度的同時，認為美國的民主制度與中國人夢寐以求的「大同社會」的精神是一致的。這從上面所引的文字中可以看得非常明顯。

在當時的清朝，這樣的言論已大大超越了那個時代，因此在《瀛環志略》初版後，保守派紛紛指責它「頗張大英夷」，「輕重失倫，尤傷國體」，甚至主張將它銷毀。但是，也有一部分讀書人看到了這本書的價值。康有為在讀了《瀛環志略》之後才「知萬國之故，地球之理」，並把此書列為他講授西學的教材之一。梁啟超一八九〇年（光緒十六年）赴京會試途中，在上海「購得《瀛環志略》讀之，始知有五大洲各國」，並認為中國研究外國地理是從《瀛環志略》和《海國圖志》才「開始端緒」。這些維新思想家都從《瀛環志略》中汲取了營養，促進了他們進行維新變法的實踐。王韜認為該書是「當今有用之書」，因為它「綱舉目張，條分縷析，綜古今之沿革，詳形勢之變遷，凡列國之強弱盛衰、治亂理忽，俾於尺幅中，無不朗然如燭照而眉晰」。郭嵩燾初讀《瀛環志略》述英法諸國之強，以為過，後出使英國，才歎曰：「徐先生未歷西土，所言乃確實如是，且早吾輩二十餘年，非深識遠謀加人一等者乎？」當然，這些已是後話。

健康的皇帝，民主的總統

美國的中國問題專家費正清（John King Fairbank）曾評論說：「做中國的皇帝，在日理萬機之中，還須是一個最健康的人。……康熙皇帝八歲登極，自一六六九年統治中國至一七二二年。他的孫子乾隆為了不超過康熙的在位時間，統治到六十年讓位，實際他繼續執政了三年，至一七九九年死去。這兩個長達六十年的君主專制，每個都五倍於羅斯福總統的任期，給清朝的穩定打下了基礎——也許是過分了些。……到他（乾隆）的晚年，腐敗達到極點。他六十五歲時過分喜愛一個相貌周正、年方二十五歲、但貪婪無度的滿族隨身衛士和珅，很快將其任為宰相並把他的幼女嫁給和珅之子，建立了帝國系統的貪汙機構。有組織的貪汙使和珅大發橫財，聚斂達十五億美元。這在一八〇〇年確是一個大數目。乾隆樹立了難以逾越的標準，也留下了非常棘手的問題。」

這些「非常棘手的問題」很大程度上來自權力的高度集中以及對這種權力的毫無監督。在中國，皇帝乃是受命於天的「天子」，而他所擁有的則是毫無限制、毫無約束的權力。「普天之下，莫非王土；率土之濱，莫非王臣」，絕對權力的誘惑是巨大的，它使得皇帝們對權力的留戀一如對生命的留戀，也使得一國的政治不得不依賴於一個人的健康和心智。

與此形成鮮明對照的是，美國總統的權力雖然十分巨大，卻有著明確的限制和制約。首先，總統的權力來自人民的賦予。一七七六年的《獨立宣言》（*The Declaration of Independence*）這樣寫道：「我們認為下述真理是不言而喻的：人人生而平等，造物主賦予他們若干不可剝奪的權利，其中包括生命權、自由權和追求幸福的權利。為了保障這些權利，人類才在他們之間建立政府。而政府之正當權利，是經過被治理者的同意而產生的。」這並不僅僅只是一個宣言，從美國建國伊始，它即被實行著。

《獨立宣言》的這一原則直接繼承於啟蒙思想，美國也因此成為最早將啟蒙思想付諸行動的國家。而美國革命的成功又影響了歐洲大陸，一七八九年，在啟蒙運動的故鄉法國，大革命爆發了。伴隨著一次次革命的成功而逐漸確立和完善起來的，是西方的現代民主制度。

在民主政體中，不再有誰可以高高在上，被頂禮膜拜。華盛頓第二任總統就職前正逢他六十二歲生日。為此，當時的首都費城舉行了盛大的慶祝儀式。此事受到了報界的公開指責，《國民報》

《萬樹園賜宴圖》，郎世寧繪。中國皇帝自認為「奄有四海，為天下君」，享受至高無上的權力。

《獨立宣言》是美國乃至人類歷史上都具有重要意義的一部歷史文獻。圖為富蘭克林等人正在起草《獨立宣言》。

的一篇文章甚至將其稱為「君主式的生日鬧劇」。威望與地位並不能成為屏障，對於一個健康的政體而言，批評和指責不僅是被允許的，而且是必要的。

百年回首，徐繼畬為「創為推舉之法，幾於天下為公」而歎服；昔人已逝，卻將一些東西沉澱在歲月中，留存在史冊裡。當那一頁被翻開被閱讀，人們看到的是兩種不同的權力觀，兩種不同的國家走向與命運，而歷史就在那一刻分流了。

第三篇

落後就要挨打

外國列強的步步緊逼，圖強禦侮的迫在眉睫，使越來越多的有識之士陷入深深的思索，又在一次次痛苦的思索中漸漸覺醒：鴉片戰爭以後國勢不振，國人蒙羞，是輸在了科技上，是輸在了制度上，但更是輸在了觀念上。

不對稱的較量
洋槍洋砲與大刀長矛

西元一八四〇年
清道光二十年

一八四〇年（道光二十年）是中國近代史的開端。無論對於這個古老民族，還是生活在這片土地上的人民，那都是一個災難深重的年代，而打開這個年代大門的正是一八四〇年的鴉片戰爭。

當清帝國的士兵不得不以大刀長矛對決洋槍洋砲時，戰爭的結局似乎是不言而喻的。因為早在二百年前，歐洲就已經進入火器時代。而十九世紀的歐洲資產階級革命，則為新式武器在戰鬥中的資質蓋上了合格的印鑒。然而，最早發明了火藥的古老帝國卻依然流連於冷兵器時代。

但是，那場戰爭留給我們的並不僅僅是一個輸贏結果。撥開彌漫在戰場上空的硝煙，我們將會看到，當時中國所缺乏的，遠遠不只是洋槍洋砲。

冷兵器對決洋槍洋砲

十九世紀初，伴隨著工業革命的浪潮，英國成為頭號資本主義強國。機器大工業的發展，使英國對海外市場的需求不斷擴大。於是，中國這個巨大的市場，牢牢地吸引了英國人的目光。但是直到十九世紀二、三〇年代，中國對英貿易每年仍保持出超二、三百萬兩白銀的地位。鴉片這種特殊的「商品」，就在此時成了英國商人掠奪中國財富、打開中國大門的敲門磚。

英國人的策略奏效了。短短幾年時間，中國就從白銀輸入國變成了輸出國。每年白銀外流達六百萬兩，造成了財政上的巨大危機。與此同時，氾濫的鴉片還使無數中國人在身體和精神上受到了雙重的損害。為此，清政府曾在一八二一～一八三四年（道光元年至十四年）間先後八次頒布禁煙令。一八三八年十二月三十一日（道光十八年十一月十五日），道光皇帝命林則徐為欽差大臣，派往廣東禁煙。林則徐立下誓言：「若鴉片一日未絕，本大臣一日不回，誓與此事相始終，斷無中止之理。」他迫使英商陸續交出二萬多箱鴉片，在虎門海灘當眾全部銷毀。

一直對中國虎視眈眈的英國於是以此為藉口，挑起了鴉片戰爭。戰爭持續了整整兩年，最終以中國的徹底失敗而告終。這幾乎是一個從一開始就可以預見到的結局——與英軍相比，無論是裝備體系還是武器性能，當時的清軍都落後了兩百年以上！從軍事上說，戰爭雙方根本屬於兩個不同的時代，是一場真正的以卵擊石之戰。

在當時，英國軍隊早已是一支擁有大量熱兵器的近代軍隊了。英軍使用的滑膛步槍最大射程超過二百公尺，每分鐘可以發射三發子彈。而且，這種步槍使用方便，可以用任何姿勢進行裝彈射擊。而此時的清軍，其主要裝備卻仍然是大刀長矛和弓箭等冷兵器。即使有少量的抬槍、抬砲、鳥槍

林則徐受命為欽差大臣，前往廣東禁煙。

十九世紀中葉，鴉片已經成為清朝不能承受之重。這是當時一間大煙館內的景象。

第一次鴉片戰爭中激烈的海戰場面

等熱兵器，但射程不過一百多公尺，每分鐘只能發射一二發，在英軍的步槍面前，實在是相形見絀。於是，當英軍的子彈呼嘯著打到清軍的身體上時，清軍幾乎完全沒有還手之力。

比步槍更有殺傷力的是大砲。早在十九世紀初，歐洲各國已經能夠用生鐵和銅鑄造各種加農砲和榴彈砲，火砲的機動性也隨著砲車的改進而大大提高。在鴉片戰爭中，英軍的火砲的威力讓清朝官兵目瞪口呆。林則徐曾回憶說，英軍火砲能「遠及十里之外，若我砲不能及彼，彼砲先已及我，是器不良也」；英軍放砲如放排槍，連聲不斷，我放一砲後須隔多時才能再放，「是技不熟也」。

在海軍方面，雙方的差距就更加明顯了。在當時，英國海軍居世界之最，其戰船多為夾板船，由表裡兩層組成，外包鐵皮，內襯木板，比起清朝的木殼船自是結實了許多。火砲也是英軍的長處。英軍的巨型戰艦可裝備火砲一百二十門，小型戰艦也可裝備一二十門砲。

與英軍戰艦相比，清軍水師最大的缺陷就是船小，尺寸最大的也不到英艦一半。這些船以無帆槳船或單桅帆船為主，航速慢，機動性也很差。與此同時，火力相差懸殊。水師每艘戰船配置火砲二至四門，多者也不過十餘門，打起來，完全不是英艦的敵手。在鴉片戰爭中，清軍根本不敢以水師出海迎敵，而只能放棄海上交鋒，從而喪失了戰爭的主動權。

清軍在軍事上的明顯弱勢，決定了鴉片戰爭的結局。最終，在侵略者的砲聲隆隆中，清朝皇帝和權貴們被嚇破了膽，《中英南京條約》——這個中國近代史上第一個不平等條約簽署了。從此，中國失去了香港島，還向侵略者獻上了二千一百萬兩白銀！

接踵而至的失敗

鴉片戰爭的結局，並沒有讓清朝皇帝和權貴們產生真正的危機意識，他們迷信和議，苟且偷安，依然文恬武嬉，麻木不仁。於是，又一場戰爭很快來臨。一八五六年（咸豐六年），英法兩國藉口「亞羅船（*Arrow*）事件」和「馬神甫事件」（西林教案），對中國發動了第二次鴉片戰爭。

在這場戰爭中，我們又一次看到了戰爭因武器裝備相差懸殊造成的勝敗結果的巨大落差。在英法聯軍的洋槍洋砲面前，大清國士兵們的血肉之軀化作了堆積如山的屍體。

許多人可能都記得電影《火燒圓明園》中的一個場景。當英法聯軍一萬七千餘人從天津出發直逼北京時，僧格林沁親王親率精兵，在通州八里橋一帶阻敵。結果，三千手持大刀長矛的精銳鐵騎，在

第二次鴉片戰爭期間，法國軍隊正在向北京進軍。

英法聯軍的來福槍和火砲的襲擊下，最後只剩七人七騎而歸，而英法聯軍的傷亡竟不過區區十人。在侵略者的洋槍洋砲面前，八旗將士那視死如歸的勇氣完全沒有任何作用，他們手裡的大刀長矛是如此不堪一擊！

就這樣，清朝舉全國之力，卻未能阻止僅有萬餘人的英法聯軍一路長驅直入。一八六〇年十月十三日（咸豐十年八月二十九日），英法聯軍占領了大清國首都北京，咸豐皇帝倉皇出逃熱河。英法聯軍在把素有「萬園之園」之稱的皇家園林圓明園洗劫一空之後，將其付之一炬。隨後，《天津條約》、《北京條約》……中國一次又一次嘗到了喪權辱國的滋味。

從領先到落後

當西方挾洋槍洋砲之勢在中國大地上橫衝直撞的時候，我們卻只能用幾千年前老祖宗傳下來的大刀長矛來迎敵。為什麼？是因為我們技不如人？但就是在這同一片土地上，我們的前輩曾經在世界上最早使用了火藥。

據記載，世界現存最早的有明確紀年的火銃就出現在中國。這一把元至順三年（一三三二年）所造的火銃，重達六．九四公斤，是當時世界上最先進的武器。在明初，火銃的製造和應用更是達到了一個高峰，在當時世界兵器領域占據絕對的領先地位。明太祖朱元璋的軍隊中曾大量裝備火銃，其中最小型的火銃竟然裝備有二萬枝之多。

可是，這種領先地位很快就喪失殆盡。從明朝中葉開始，隨著禁海鎖國政策的實施，熱兵器的發展停滯了。火銃的形制在很大程度上完全沿襲祖制，有些甚至失傳了。到明朝晚期戚繼光練兵抗擊倭寇時，仍然不得不大量依賴冷兵器。而這時，葡萄牙已經在中國火銃的基礎上，製造出了威力巨大的「佛郎機」火砲。

清廷以八旗鐵騎入主中原，念念不忘「騎射為滿族之根本」。這個馬背上起家的民族，恪守「武功騎射」的祖宗成法。每年，皇帝都要前往木蘭圍場進行秋狩，以示對馬上功夫的重視。於是，早在明末就已發揮過巨大威力的火槍火砲等熱兵器被逐漸廢棄，中國軍隊的武器裝備又退回到了大刀長矛等冷兵器。

但還不僅如此。對於兵器上的改進，清朝統治者也大多將其視為「奇技淫巧」，完全予以排斥。清初的戴梓曾發明火器「連珠銃」，它的形狀很像琵琶，能夠連續射擊二十八發子彈。連珠銃設計巧妙，使用方便，在當時遠遠領先於西方國家的火器，被後人看作是現代「機關槍」的前身。可是，這個了不起的發明卻沒有被康熙採納，只能「器藏於家」，至乾隆朝後便逐漸失傳，給中國人留下了極大的遺憾。

一七九三年（乾隆五十八年），英國特使馬戛爾尼送給乾隆八十壽辰的禮物中，有西瓜大砲、銅砲、各種自來火砲、西洋船模型等許多體現了科技水準的軍事裝備，但清廷只是將之作為「貢品」收藏，甚至根本就沒有仔細看過。

視野的狹窄與思想的禁錮阻礙了中國火器的發展。到鴉片戰爭時期，清軍的裝備仍然以刀、矛

乾隆時代的戰爭場面

一八七一年時的清軍士兵

一七四五年法國和奧地利軍隊在戰場上對峙的場面。當時乾隆皇帝的軍隊如果遇到這樣的對手，恐怕也是必輸無疑。

、弓、箭這類冷兵器為主。雖然有少量火器，也都是仿造明朝引進的「佛郎機」、「鳥銃」和「紅衣大砲」等西方火器樣式製作的，並且只限八旗兵掌握，嚴禁漢人掌握。就形制樣式而言，這種老式的武器與英軍相比整整落後了二百餘年！

軍事上對科技的麻木，使得清朝的軍力被西方遠遠地甩在身後，而人們觀念上的落伍更成為一條最致命的鴻溝，橫亙在中國軍隊與現代軍隊之間。西方的長槍大砲被看成了妖術，軍艦則被視為怪物。面對英國侵略者的來襲，廣州守將用以迎戰英國人的「武器」，竟然是「驅邪」的馬桶、穢物等。這樣的戰勢，勝負高下早在戰爭開始之時便已注定了。

買得來的武器

鴉片戰爭如同一塊界碑，銘刻著中世紀古老的中國社會在砲口逼迫下走入近代的最初一步。戰爭的慘敗使中國被迫打開了關閉太久的國門。此時的世界已經發生了深刻的變化，而科學技術的進展更成為現代軍事技術的助推器。

鴉片戰爭後，隨著歐風美雨的吹灑，一方面，外國先進武器被引進中國，另一方面，國內兵工廠開始仿造部分新式武器。熱兵器開始替代冷兵器，逐漸成為清軍武器裝備的一部分。十九世紀六〇年代後，管式前裝的馬步槍及長短炸砲，替代了落後的中國管狀火器。進入十九世紀八〇年代，後裝連發槍砲（包括馬克沁〔Maxim〕、哈乞開斯〔hotchkiss〕重機槍及輕重迫擊砲）開始輸入中

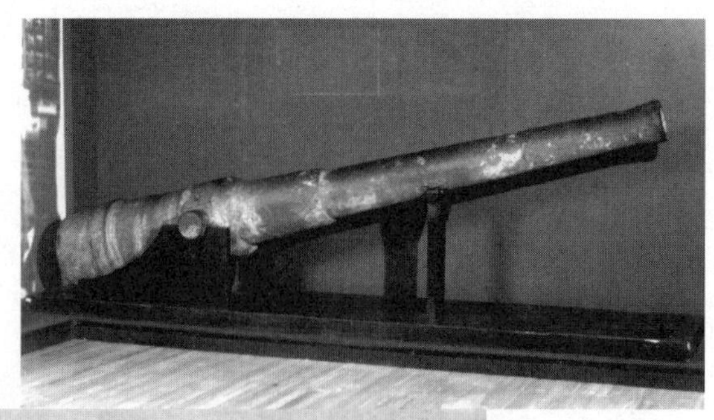

一八八六年由江南機器製造總局鑄造的英式阿姆斯壯（Armstrong）大砲。

配備了新式武器的火器營訓練的場面

除了砲利，也要船堅。清朝水師這種木殼戰船，根本抵禦不住外國裝甲艦的攻擊，必須全面汰換。

國，國內兵工廠也進行仿製。

伴隨著西方兵器世界的迅猛發展，中國成為歐洲軍火商的重要市場。在被瓜分的市場中，德國占據了最大份額，在中國形成了難以打破的壟斷地位。一八七三年（同治十二年），淮軍增設新式砲營十九個營，裝備一百一十四門德式克虜伯（Krupp）火砲，並雇用德國砲隊軍官來天津教練砲隊。

用洋武器裝備起來的，不只有陸軍，還有海軍。十九世紀八〇年代後，清政府共購買四十六艘外國艦艇，其中德國三十六艘，英國十艘。到一八八八年北洋海軍正式成軍時，在二十五艘主要艦艇中，有五艘主力艦、五艘魚雷艇購自德國船廠，而艦砲主砲均係德國克虜伯兵工廠製造。德製艦船已成為北洋海軍的絕對主力。此外，德國陸軍工程師漢納根（Constantin von Hanneken）大尉還為旅順和威海衛海軍基地設計和修建了全部海岸新式砲台，並在砲台上悉數安裝了德國克虜伯後膛巨砲，極大地增強了北洋海軍軍港的防禦能力。

買不來的士兵

但是，有了武器並不等於有了強大的軍隊。正如美國傳教士何天爵（Chester Holcombe）所說，「中國有一天的錢，就可以買一天海陸軍所需要的任何東西。整個文明世界都情願把武器供給她。但是中國不能在任何市場上購買有訓練的軍官和有紀律的士兵。」

一九〇〇年（光緒二十六年），英國傳教士麥嘉湖（John MacGowan）對即將面臨戰鬥的中國士兵曾有如下描述：

他們顯得並不威嚴，即使他們的個頭很大，人們在看到他們時總免不了流露出一種半帶鄙視和譏笑的神情。當官的沒有教過他們如何使自己顯得精明或表現出軍人氣質。以西方人的觀點看，他們從沒受到過任何值得稱道的訓練。帝國的士兵沒有被要求站直、挺胸以充分利用父母賜予的每一寸高度。他們可以根據自己的喜好隨意著裝，在環境惡劣的道路上散漫地行軍。

士兵們很不講衛生，這實在是一種令人難受的習慣。士兵們對水和肥皂從來都抱以敬而遠之的態度。他們看上去邋遢而且骯髒，好像從來都是穿著軍裝睡覺。早上他們不洗臉，又不把自己那皺皺巴巴、汗臭味十足的外衣換下。在南方的一些省分，士兵們根本不穿鞋，這更使他們喪失了軍人的氣質。

每個士兵都把槍扛在肩上，另外每人還配備了一把扇子。扇柄插在背後的衣服下，另一端伸出來，離耳朵很近，這樣在行進中就不會給他帶來不便。如果天熱，他們就把扇子打開蓋在頭上，用辮子將扇子柄纏住。

另一件幾乎與扇子同樣重要的東西是竹煙槍。在長距離的行軍中，時不時地吸上幾口旱煙，既可以緩解行軍的勞累，又能抑制飢餓引起的陣痛。

直至清末，清軍的主要裝備仍然是大刀長矛和弓箭等冷兵器，而且軍容軍紀渙散，跟不上西方最新軍事進展的步伐。

一八七一年，英國攝影師約翰・湯姆森在廈門與當地清兵的合影。

一九〇一年時的清軍士兵

第三件重要的東西是雨傘。每個體面一點的士兵都有一把雨傘。如果沒有雨傘，作為軍人的「勇」的品質就會受到質疑，旁觀者也會感到他們沒有盡其所能。注重實際的中國人並不認為一個士兵被雨水淋濕會提高一個軍人的尊嚴。

這，就是站在新世紀門口的大清帝國的士兵，他們也許有年輕人的一腔熱血，為保家守土而甘願赴湯蹈火，但是當「現代科學和工藝已經將優勢給了西方的軍人」之時，僅有熱血是不夠的。

並不是沒有人看到這一點。一八八四年三月五日（光緒十年二月初八日），張佩綸曾上奏朝廷，首次提出改革武舉制度。張佩綸建議將以弓、矢、刀、石、矛等舊武藝作為考試武官的方法改為測試洋槍。他說：「竊聚中國之武進士、舉人生員，以與西洋之兵敵，孰勝孰敗，夫人而知之矣。聚中國之劈山砲抬槍鳥槍，以與西洋之後膛槍砲敵，孰利孰鈍，夫人而知之矣。」然而，這一建議並沒有得到清政府的理會。

不光是士兵。清朝軍隊即使已具備了相當數量的現代兵器之後，其在軍隊建設等方面仍然停留在原有的階段。舊有的軍事體系並未改變，而西式武器中所體現的現代戰爭理念卻不曾與西式武器一起為清朝軍隊所採用。在十九世紀五〇年代，至少部分清軍已裝備有相當數量的西式武器，其中包括滑膛槍和西式大砲，但是就連北京各旗的精銳「火器營」，對弓箭訓練的注重仍然超過對槍砲和其他小型武器訓練的重視。雖然冷兵器淘汰已勢在必行，但其時清軍仍處於冷熱兵器共存的狀態，既有大刀長矛，又有洋槍洋砲。不僅滑膛槍、鳥槍和來福槍、機關槍、後膛大砲一起使用，就連弓箭和戈矛也還在繼續使用。在同一次部隊檢閱中，步槍與弓箭的瞄準射擊，同樣要受到測驗。

一位外國史學家認為，在咸豐時期，「中國的問題在於幾乎沒有一支清軍在使用西方武器前經過嚴格的訓練，也無人能跟得上西方最新軍事進展的步伐」。

有了洋槍洋砲之後

在吃夠了洋槍洋砲的苦頭之後，中國人開始覺醒了。從十九世紀六〇年代，一場以興辦軍事工業與軍事教育為首要任務的洋務運動轟轟烈烈地興起了。在此後的數十年間，清軍進口和仿製了大量先進的洋槍洋砲，設立了一批軍事學堂，派遣數以百計的軍事留學生，編練了新式的陸軍，從而在鴉片戰爭之後不長的時間內，就使軍隊裝備有了飛速提高，從冷兵器、半火藥兵器時代，迅速躍升到火藥兵器、半機械化的時代。

一八八八年十二月十七日（光緒十四年十一月十五日），大清北洋海軍正式成軍。一八九一年，《萬國公報》主辦人林樂知（Young John Allen）編《各國新政治記》稱，是年，中國海軍占世界第八位，日本占第十六位。

也是在這一年，七月間，北洋海軍「定遠」、「鎮遠」號等六艘軍艦，首次訪問日本。日本人以敬畏的心情看著這支龐大的艦隊。但很快他們就發現，這僅僅是一個外表。

東京《朝日新聞》以〈清國水兵的形象〉為題報導說：「登上軍艦，首先令人注目的是艦上的情景。以前來的時候，甲板上放著關羽的像，亂七八糟的供香，其味難聞之極。甲板上散亂著吃剩的食物。水兵語言不整，不絕於耳。而今，不整齊的想像已蕩然全無：關羽的像已撤去，燒香的味道也無影無蹤。軍紀大為改觀。水兵的體格也一望而知其強壯武勇。唯有服裝仍保留著支那的風格，稍稍有點異樣之感。軍官依然穿著綢緞的支那服裝，只是袖口像洋人一樣飾有金色條紋。褲子不見褲縫。褲襠處露出縫線。看上去不見精神。尤其水兵的服裝，穿著淺藍色的斜紋布裝，幾乎無異於普通的支那人。只是在草帽和上衣上縫有艦名，才看出他是一個水兵。」

後來成為日本海軍名將的東鄉平八郎，當時是一個鎮守府的參謀長。他注意到「定遠」和「鎮遠」號有水兵在大砲上晾曬衣服。他說：「以此類巨艦，紀律尚如此，其海軍實不足畏。無怪歐美喻為睡獅。」

通過這次來訪，日本看清了中國是一隻紙老虎，不足畏矣。果然，在一八九四年（光緒二十年）的中日甲午海戰中，中國人引為驕傲的北洋艦隊一敗塗地。

關於這場戰爭，還有這樣一個細節。這一年初夏，廣東水師的「廣甲」艦奉命北上。他們的特殊使命，是「遵例解運歲貢荔枝進御」。在戰爭隨時可能爆發的時候，這艘軍艦卻扮演了一種特殊的角色，這在世界海軍史上大概也是獨一無二的。就在他們把貢品荔枝送到天津的時候，戰爭爆發了。

然而，對於大清國，外辱並沒有就此結束。一九〇〇年，八國聯軍入侵京津。當時，守衛京津的是清軍的精銳部隊「武衛軍」六萬人，均受過德、俄式訓練，而且裝備相當精良，有毛瑟槍、快

「致遠」艦上的官兵合影

「威遠」艦沉沒的情景

北洋艦隊主力艦「鎮遠」號

速機槍和各種大砲等。如果加上其他清軍，則達十幾萬之多，可謂人多勢眾。但是再一次地，清軍敗在了臨時拼湊起來的八國聯軍之下，其教訓確實發人深思。

隆隆砲聲開啟了中國近代史上最屈辱的一頁。第一次鴉片戰爭、第二次鴉片戰爭、中法戰爭、中日戰爭、八國聯軍，偌大的中華帝國卻是屢戰屢敗——沒有洋槍洋砲打不過別人，有了洋槍洋砲還是打不過別人。外國列強的步步緊逼，圖強禦侮的迫在眉睫，使越來越多的有識之士陷入深深的思索，又在一次次痛苦的思索中漸漸覺醒：鴉片戰爭以後國勢不振，國人蒙羞，是輸在了科技上，是輸在了制度上，但更是輸在了觀念上。魯迅曾深刻地說道：「外國人用火藥製造子彈禦敵，中國卻用它做爆竹敬神；外國人用羅盤針航海，中國人卻用之看風水。」當大刀長矛對陣洋槍洋砲的場景一次一次出現時，這已經不僅僅是一句感歎了。

速度的競技
電報與八百里加急

西元一八四四年
清道光二十四年

一八四四年，美國人塞繆爾・摩斯（Samuel Morse）在華府的國會大廳發出了世界歷史上的第一份電報，儘管那只是簡簡單單的幾個字，但今天已經不會再有人懷疑，正是那一串電碼開啟了一個新的時代。在隨後的十幾年之間，整個歐美已經布滿了密如蛛網的電報系統。

然而，在地球的另一邊，早已病入膏肓的大清國，卻對這種「奇技淫巧」不屑一顧。在他們眼裡，傳遞消息的最快方法，莫過於老祖宗傳下來的「八百里加急」。於是，當一串串電碼將世界變得越來越小之時，在這片古老的土地上，人們看到的卻是另一番景象：官道上黃塵滾滾，一匹駿馬飛馳而至。馬上的信使手不停鞭，每過一個道旁的驛站，就即刻換上另一匹上好的駿馬，繼續他的旅程。由於每天的行程不得少於八百里，所以叫「八百里加急」。在朝廷的王公大臣們看來，這種「一驛過一驛，驛騎如星流」的驛傳制度，既然已經很好地存在了兩千多年，自然應該完好無缺地保留下去，又有什麼必要加以改造呢？

甘肅嘉峪關魏晉五號墓前室北壁彩繪磚上的一幅《驛使圖》，為中國現存最早的有關郵驛的彩畫。畫面上，驛使手舉木牘文書，驛騎四蹄騰空，飛速向前。

傳送聖旨的「八百里加急」，馬戛爾尼使團隨團畫家繪。

一邊是瞬息千里可達的電報，一邊是飛馳在官道上的驛馬，在這一刻，反差如此強烈又如此意味深長。而與之相關的，不僅僅是通訊方式，更有國家的生死榮辱。

「上帝創造了何等奇跡！」

塞繆爾．摩斯是一位很出色的畫家，曾經擔任美國畫家協會主席長達十六年之久。可是摩斯在今天依然被後人緬懷，卻是因為他在電報方面的成就——他發明了摩斯電碼（Morse Code），並製成了世界上第一台電報機，從而開創了電信時代。

如果說電報的發明為人類的通訊開啟了一扇新的大門，那麼，摩斯一八三二年的那一次旅行正是通往這扇大門的第一個岔路口了。那一年，四十一歲的摩斯在法國學習了三年繪畫之後，乘船返回美國。旅行是漫長而枯燥的，於是，同船的美國醫生傑克遜（Charles Thomas Jackson）向他的旅伴者們講起了電磁原理，這讓摩斯頗感興趣。據說，正是這一次的經歷讓摩斯深受啟發，萌生了以電流來進行遠距離資訊傳遞的想法。

一八三五年，摩斯收起了他的畫筆，將精力全部放到了對電磁學的研究上。是年底，他用一些舊材料製成了第一台電報機。這台電報機的工作程序大致是這樣的：先把凹凸不平的字母版排列起來，拼成文章，然後讓字母版慢慢地觸動開關，得以繼續地發出信號；而收報機的結構則是，不連續的電流通過電磁鐵，牽動擺尖左右擺的前端，它與鉛筆連接，在移動的紅帶上畫出波狀的線條，經解碼後還原成電文。不過，當收發報雙方距離增大時，電阻也會相應增加，因此，這台電報機只能在二至三公尺的距離內有效。

為了改進他的電報機，摩斯買來了各種各樣的實驗儀器和工具，一頭扎進了實驗室。一次次的失敗並沒有使他放棄。到一八三六年時，一個新的設計方案漸漸在他腦中形成：「電流只要停止片刻，就會出現火花。有火花出現可以看成是一種符號；沒有火花出現是另一種符號；沒有火花的時間長度又是一種符號。這三種符號如果組合起來代表數字和字母，就可以通過導線來傳遞文字了。」

一個偉大的靈感引出了一套傳遞資訊的符號系統——它因發明人的名字而被稱為「摩斯電碼」，是電信史上最早的編碼。在摩斯電碼中，資訊是以「點」（•）和「槓」（━）的電碼形式來傳遞的。電信號的狀態只有兩種：按鍵時有電流，不按鍵時無電流。有電流時稱為傳號，用數字「1」表示；無電流時叫空號，用數字「0」表示。一個「點」就用「1、0」來表示，一個「槓」就用「1、1、1、0」來表示。不同排列順序的「點」和「槓」，就代表不同的字母或數字。於是，摩斯成功地將文字信號的傳遞轉化成為電信號的傳遞，從而為電報的發明奠定了基礎。

一八三八年一月，摩斯進行三英里收發電報的試驗，獲得了成功。一八四〇年四月，這項發明申請到了專利。一八四二年，美國國會通過議案，決定支持電報技術，並於次年撥款三萬美元，用於架設華府和巴爾的摩（Baltimore）之間的電報線路，全長六四・四公里。

一八四四年五月二十四日，這是世界電信史上最值得書寫的一天。美國國會大廳裡座無虛席，

摩斯發送人類歷史上第一份電報時所用的電報機

電報的發明者塞繆爾・摩斯

美國發行的紀念郵票「電報的世紀」

大西洋海底電報電纜鋪設時的情景

各界人士紛紛來到這裡，準備見證人類歷史上令人激動的一刻。在觀眾們的期待之下，摩斯接通電源，用他那激動得有些顫抖的雙手發出了人類歷史上的第一份電報：「上帝創造了何等奇跡！」電文通過電線很快傳到幾十公里之外的巴爾的摩，摩斯的助手接到了他傳來的電文，並準確無誤地把電文譯了出來。摩斯的電報成功了。

電報的發明讓世界在一夜之間縮短了距離。一個嶄新的電信時代開始了。短短幾年之間，電報技術已風靡全球。一八五一年，橫跨多佛海峽（Strait of Dover）的海底電纜鋪設成功，將英法兩國連接了起來。一八五七年，橫跨大西洋的海底電纜鋪設成功，使歐洲和北美之間有了迅捷的資訊交流工具。同年，印度全境已建成了四千五百英里的電報線路。此後，電報線路迅速向全世界擴展。

「科學上的兒童」

然而此時，剛剛睜開眼睛看世界的中華帝國，面對這些西方來的「奇技淫巧」，表現出了耐人尋味的態度。

一八七一年（同治十年），丹麥大北公司（GN Store Nord A/S）敷設了從香港到上海的海底電纜，但線路敷設到上海時卻被告知不能上岸。無奈之下，大北公司只好改裝了一條舊船充當浮動電報站。

中國陸地為何不准架設電報線？其理由現在看起來似乎有些荒唐——它會毀壞祖宗的墳墓！當

時工科給事中陳彝在奏摺中是這樣說的：「中國事死如生，千萬年未之有改，而體魄所藏為尤重。電線之設，深入地底，橫衝直貫，四通八達，地脈既絕，風侵水灌，勢所必至，為子孫者心何以安？傳曰：『求忠臣必於孝子之門。』藉使中國之民肯不顧祖宗丘墓，聽其設立銅線，尚安望尊君親上乎？」如此迷信荒誕，當年卻被人視為至理名言。

一八七五年（光緒元年），英國駐福州領事擅自架設電報線，立刻被當地百姓拆毀。因為架設電報線需要埋設電線杆，但是農民們認為這樣會破壞風水，所以堅決反對。當地官員在給朝廷的奏摺中說：「頃據鄉民聯絡呈稱，外國人擅立木柱後，近日百姓竟有無故暴死者，眾情洶洶，稟求照會外國領事，飭令該外國商人償命。」人之生死竟與電線杆的架設有著如此密切的聯繫，這種怪事在今天看來也許已很難理解了，但卻的確發生在百餘年前的這片土地上。

美國傳教士丁韙良

美國傳教士丁韙良（William Alexander Parsons Martin）在清末可謂大名鼎鼎，這位在中國生活了六十二個年頭的美國人，是當時在華外國人中首屈一指的「中國通」，曾先後擔任中國最早的洋務學堂——京師同文館以及京師大學堂（即現在的北京大學）的首任總教習（校長），前後共計二十九年，對中國的近代教育事業做出了很大貢獻。在他的回憶錄裡，記載了這樣一件事情：

在電報剛剛發明後不久，丁韙良就設法得到了一套電報機。他向主管同文館的總理各國事務衙門提出，向官員們公開演示這「新奇的發明」，準備以此勸誘朝廷同意他在同文館增設物理教學科目。然而，丁韙良很快就發現，在他興致勃勃地做實驗時，朝廷派來的四名官員卻完全沒有表現出任何興趣。其中有一位翰林，竟輕蔑地對丁韙良說：「中國四千年來沒有過電報，固仍泱泱大國也。」可是，同樣這些人，卻對丁韙良送給他們的磁性魚和磁性鵝等洋玩具愛不釋手。見此情形，丁韙良不由得長歎道：「唉，在文學上他們是成人，在科學上他們還是兒童啊！」

就這樣，這部辛辛苦苦弄來的電報機在總理衙門整整放了一年，最後還是被當作無用之物，扔進了同文館的陳列室內。到十九世紀七〇年代末之前，整個清朝還沒有一公尺的電報線路！

「行轅正午一刻」

當時間進入十九世紀六〇年代，經過十數年的改進與發展，電報這種通訊方式早已滲透到歐美國家的日常生活中，然而在大清國，資訊的溝通竟是如此之難，以致今天的人們已經很難想像——一八六三年六月二十五日（同治二年五月初十），長期以來一直轉戰於川陝邊境的太平軍將領翼王石達開兵敗被殺，可是這條重大消息至七月下旬才到達京師，路途竟然花了一個多月時間！重大軍情政情傳遞得如此之慢，朝廷無法對各種事態做出迅速反應，自然也就是理所當然的事情了。

十九世紀中葉，中國人開始睜眼看世界。很快，新興的電報就吸引了那些先行者們的目光。一八六八年（同治七年）初，王韜赴歐遊歷，親見鐵路「車道之旁，貫接鐵線，千萬里不斷」，「以電氣祕機傳達言語，有所欲言，則電氣運線，如雷電之迅，頃刻千里，有如覿面晤對，呼應答問，其法精微，有難析述者」。回國後，他寫了大量文章，指出：「我國家近擬於各省整頓海防，然亟宜籌畫者則莫如電線。」

然而，電報進入天朝大國的道路，每一步卻都充滿了艱辛。一八七三年（同治十二年），華僑商人王承榮從法國回國後，與人合作製造出中國第一台國產電報機，並呈請清政府自辦電報。他向朝廷建議說：「中國之驛站、烽火雖速，究不如外國之電報瞬息可達千里。今某與福州王斌商造一器，專傳漢字，以十六字為綱，以十數為目，發則由字檢號，收則由號檢字，時許可拍千字，直達千餘里。」可是，當時的朝廷根本沒有興趣去採納他的建議，他所研製的電報機也未傳於世，最終湮沒在茫茫的歷史之中。

電報最後終於能進入中國，無疑離不開一個人的努力——李鴻章。這位洋務運動的代表人物，在很早的時候就已意識到電報的重要，並為此頗費心血。一八七七年（光緒三年），在直隸總督兼北洋通商大臣李鴻章的支持下，福建巡撫丁日昌架設了臺南到高雄三條幹線，這是中國創辦電報之始。一八七九年（光緒五年），李鴻章又在天津大沽口到市內紫竹林總督衙門之間修建了一條短途「電線」，這是中國人在大陸修建的第一條電報線。

一八八〇年（光緒六年），在李鴻章的不斷努力下，朝廷終於批准修建天津至上海的電報線。

福建巡撫丁日昌。在李鴻章的支持下，丁日昌開創了中國人辦電報的歷史。

中國近代著名思想家王韜。他是中國第一個到歐洲進行實地考察的知識分子，並曾創辦中國第一家以政論為主的報紙《循環日報》。

清末的電報局職員訓練

十月，津滬電報總局在天津正式成立。次年十二月，第一條電報線（上海至天津）敷成並使用。這條電報線係「官督商辦」，完全由中國人控制。中國的第一張電報，據說只有「行轅正午一刻」六個字，係由李鴻章在上海行轅所發。從此以後，清政府便開始了全國電報幹線的敷設。從一八八一年（光緒七年）底上海至天津的電報線路正式啟用開始，兩三年後，北京、天津、上海、廣州、福州、武漢等大城市之間，以及廣州與龍州、天津與山海關等地之間，都建立了電報聯繫。

一八八二年（光緒八年），北京順天鄉試的錄取結果經過電報傳至上海。在北京舉行科舉考試之後的二十四個小時之內，錄取名單就出現在了上海的報紙上，生活就這樣發生了改變，尤其對於那些赴試的考生們來說，這種改變竟是如此觸手可及。一八八三年（光緒九年），天津至北京的電報開通，從此，緊急軍情、朝廷聖旨、官方通報以及重要商情，都可以通過電報傳送。

不過，在電報剛剛在大清國落地的時候，發送電報的費用極其昂貴。據記載，收費標準是，三個電碼算作一字，電報費以七個字二十一碼起算，且「路有遠近，費有等差」——天津至通州，每字一角；到清江（今江蘇淮安市），一角一分；到上海，一角五分；加急電報，收費加三倍。要知道，在當年一角銀元就可買十六斤大米，電報費之昂貴由此可見。但儘管如此，拍發電報者仍每年都成倍增長。

「用兵之道，神速為貴」

李鴻章之所以能讓朝廷同意敷設電報線，關鍵在於他避開了所謂「破壞風水地脈」的話題，而極力強調電報的軍事價值。他在上奏朝廷的奏摺中這樣寫道：「用兵之道，神速為貴。泰東西各國於講求槍砲之外，水路則有快輪船，陸路則有火輪車，而數萬里海洋欲通軍信，則又有電報之法。近來俄羅斯、日本均效而行之。故由各國以至上海，莫不設立電報，瞬息之間，可以互相問答。獨中國文書尚恃驛遞，雖日行六百里加緊，亦已遲速懸殊。查俄國海線可達上海，旱線可達恰克圖。欽使曾紀澤由俄國電報到上海，只須一日。而由上海至京城，輪船附寄，尚須六七日到京。如遇海道不通，由驛必以十日為期。是上海至京僅二千數百里，較之俄國至上海數萬里，消息反遲十倍。倘遇用兵之際，彼等外國軍信速於中國，利害已判若徑庭。且其鐵甲兵船，在海洋日行千餘里，勢必聲東擊西，莫可測度，全賴軍報神速，相機調援，是電報實為防務所必需。」

晚清洋務派健將李鴻章

李鴻章發出這樣的感慨，當然有其原因。一八八〇年（光緒六年）秋天，駐俄公使曾紀澤（曾國藩之子）奉命與俄方談判，準備收回被俄國占領的伊犁。在這段時間裡，他利用俄國的電報線路，與李鴻章通過電報商討要務。但是，曾李二人電報這一來一往之間，卻要繞上一個大圈子才能送抵對方手中：李鴻章發出的電報要先從天津通過輪船寄到上海，再經上海的外國電報局發到俄國。假如遇到海上風暴，就用「六百里加急」的驛站快馬傳遞電稿。如此這般，兩人之間的一次函電交馳，居然要用差不多兩週的時間：九月三十日李鴻章發給曾紀澤一份電報，曾紀澤十月四日收悉；曾紀澤十月五日回電，李鴻章十月十一日收悉。以這樣的速度來應對瞬息萬變的外交戰場，怎麼能指望獲勝呢？

「不敗而敗」的背後

「用兵之道，神速為貴」，這句話正應在了中法戰爭耐人尋味的結局上。

從十九世紀六〇年代起，法國殖民者開始入侵越南。由於越南是中國的屬國，於是中法之間就此展開了曠日持久的交涉。一八八四年（光緒十年），談判破裂，雙方轉而在戰場上見分曉，同時在海上和陸上展開了較量。次年三月，清軍取得了震驚中外的鎮南關大捷，並乘勝克復諒山等地。然而，正當前線將士準備一鼓作氣將法國軍隊趕出越南之時，一道停戰的上諭卻給這場即將勝利的戰爭畫上了一個令人失望的句號。一八八五年六月九日（光緒十一年四月二十七日），《中法新約》的簽訂，使法國得到了所有未能在戰場上獲得的東西。當時有人評論說：「法國不勝而勝，中國不敗而敗。」

為什麼會出現戰勝者向戰敗者求和的咄咄怪事？曾經有過這樣一種說法——由於通訊手段的落

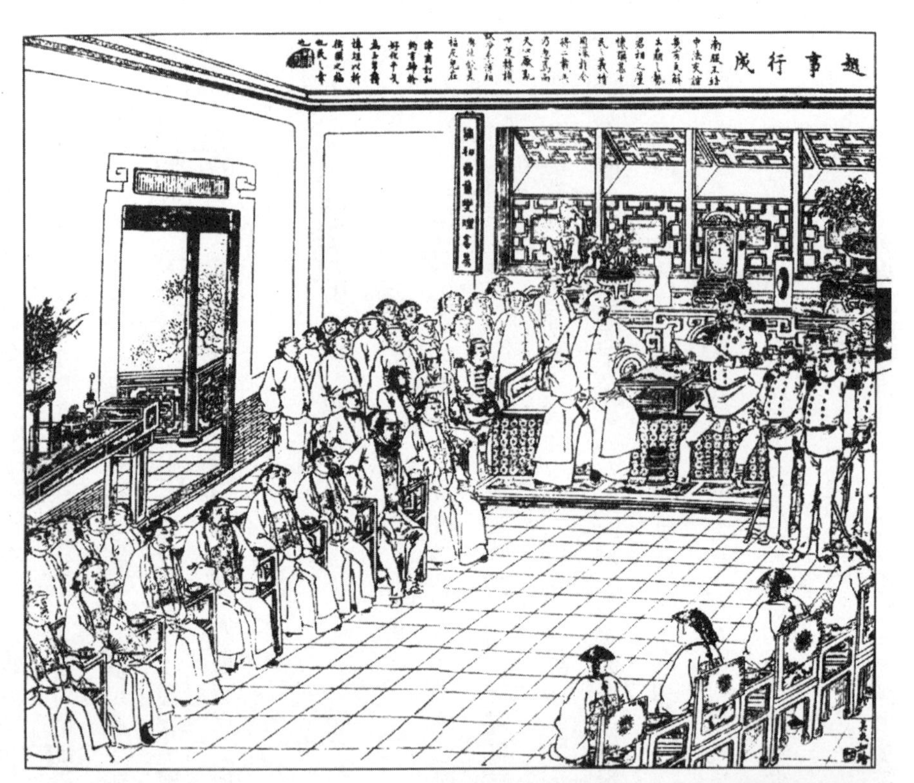

《點石齋畫報・越事行成》。一八八三年四月，李鴻章受命與法國特使福祿諾（François Eantst Fournier）在天津交涉越南問題，隨後簽訂簡約，但是到了翌年八月就發生中法戰爭。

由於鎮南關戰役的失敗，法國內閣倒台，總理茹費理（Jules François Camille Ferry）被迫辭職。但連茹費理也想像不到的是，他們竟然在談判桌上「不勝而勝」。

在中法戰爭中取得鎮南關大捷的一代名將馮子材

後，使得戰場上的捷報無法及時傳到朝廷，因此，當雲南方面的捷報經歷層層驛遞至四川轉電達天津時，李鴻章與法使的和約早已簽訂了。

其實，這種說法不免有些言過其實。早在中法戰爭之前，李鴻章等人已經意識到電報在軍事上的重要用途，並加急敷設了京津、長江、廣州至龍州幾條重要的電報線路。在中法戰爭期間，這個通信系統發揮了極大的作用，在一定程度上改變了清朝以往閉目塞聽、被動挨打的局面。

可惜的是，清朝的電報建設還是晚了一步。一八八一年（光緒七年）底，清軍開進越南北圻。當時雲南以及北圻戰場方面尚未通電報，仍靠驛遞，以致「奏摺往返須五十餘日。滇桂軍隊相距遠，常月餘不通問」，這自然極大地影響了戰爭的進程。也許我們可以設想一下，要是當時中國的電報系統已經布滿了全國，戰爭的結局是不是會有所不同呢？

最後的結局

落後就要挨打。中法戰爭使清政府充分認識到了通訊上的落後同樣關乎生死，於是加快了全國電報系統的建設。在那之後，電報線路逐年擴展，到清朝即將走向盡頭之時，這片古老的土地上已經建成陸路電報線路達四千公里。

美國人何德蘭（Lsaac Taylor Headland）曾記述過這樣一個故事，故事的主角是年輕的光緒皇帝：

光緒皇帝八九歲時，聽說世界上有種東西可以把消息像閃電般傳遍大清帝國的每一個角落。然而這種東西到底是什麼，到底是什麼樣子，他從來都沒有見過，只能想像。祖祖輩輩，皇上的聖旨，包括官報這種世界上最早的雜誌，都是靠驛站傳送的。能像閃電一樣傳播消息，這個東西讓光緒皇帝著實癡迷起來。他相信很多事情都可以做到，而且很快就可以辦到。於是，他命令手下人給他弄來了一台電報機。像小時候玩玩具一樣，他擺弄起這台電報機來。不久，整個大清帝國上上下下都開始用電報機了。

不管是出於軍事目的，抑或只是由於一個人的喜好，無論如何，電報線路開始在這片古老的土地上一點點地延長、一點點地發展起來了。

伴隨著電報線路的不斷延伸，驛站的功能也在不斷萎縮。可是，不知出於什麼原因，早已腐朽不堪的驛站，卻一直頑強地保留著。直到清朝的統治在辛亥革命的隆隆砲火中灰飛煙滅，持續了兩千年之久的驛傳制度，才終於在中華大地上消失。如今，當人們從那些古老的驛站走過，似乎還能聽到在那些古老的建築間飄蕩著的沉重的歎息，那是一個時代的歎息，繫著一個天朝大國曾經的衰落與夢想。

夢在仲夏之夜，頹於廢墟之間

水晶宮與圓明園

西元一八五一年
清咸豐元年

一八五一年，當十九世紀已經悄然過半的時候，第一屆萬國博覽會（正式名稱為"Great Exhibition of the Works of Industry of all Nations"）使世界的目光聚焦在英國倫敦。那是一次盛大的活動，人們希圖以這樣的方式來展示工業時代尤其是工業設計的成就與魅力。

然而，人們看到的展品卻在舉行博覽會的那座建築前相形見絀。那是一座金碧輝煌的水晶宮（Crystal Palace）——人類歷史上第一個宏大的鋼、玻璃結構建築。對於這座工業革命時期最具代表性的建築，清朝官員張德彝的描述是，「一片晶瑩，精彩炫目，高華名貴，璀璨可觀」。還有人描寫在水晶宮裡的感覺如同「仲夏夜之夢」。

在當時的世界上，能與水晶宮相提並論的，應首推位於北京西北郊的「萬園之園」——圓明園。但是，僅僅幾年後，圓明園卻在一場大火與洗劫之後煙消雲散。

一個巨大的「玻璃罩」

一八五一年五月，第一屆萬國博覽會在倫敦舉行。工業革命的浪潮將大英帝國推到了世界政治與經濟舞台上最耀眼的位置，而在世界各地的殖民擴張更讓她成為名副其實的「日不落帝國」。但是，再耀眼的舞台，再顯赫的位置，假如無人喝采，完美中便會留下小小的缺憾。從這種意義上來說，英國此舉意味深長。

在當時，除了英國之外，歐美許多國家也已搭乘著蒸汽發動機一溜小跑進入了工業時代，而這次博覽會也因此而成為工業時代的成果的一次集中展示，當然，展示的同時也在暗中較量。來自全世界的一千四百家參展商在六百萬參觀者的注視下同場競技，成為那個時代最恢宏的景觀之一。

然而，令競技者、參觀者們可能沒有想到的是，當人們從世界各地趕來爭睹工業時代的成果時，「競技場」本身已然搶了這次博覽會最初也是最惹眼的鋒頭。

為了給博覽會設計一個合適的「家」，組委會向社會各界公開徵集設計方案。有意思的是，無論是藝術家，還是普通公眾，都認為不應採用傳統的樣式和材料來設計這個全新的建築。於是，在這樣的想法之下，組委會收到的設計方案也是五花八門，奇思妙想在紙間呈現，在不長的時間裡，收到的方案多達二百四十五種。終於，一位名叫約瑟夫‧帕克斯頓（Joseph Paxton）的人送來的設計方案從眾多方案中脫穎而出。

約瑟夫・帕克斯頓以在溫室中培養和繁殖王蓮（*Victoria regia Lindl*）而聞名，擅長用鋼鐵和玻璃來建造溫室。他曾於一八四〇年在查茨沃思（Chatsworth）設計了一座植物溫室，十年後又在那裡建造了另一座玻璃溫室，用以護養公爵的珍稀百合花。大約是花香賦予他靈感，又或者是多年對溫室的鍾情開啟了他設計思路的閘門，這位園藝設計師決定，只用清一色的鐵和玻璃來建造博覽會展館，並且在整個建築的正面全部都使用玻璃——那幾乎就是一個巨大的溫室！

所有的建築師們都震驚了，他們根本就沒想到，帕克斯頓這名既不是建築師也不是藝術家的「花匠」，居然打算建一個「玻璃罩」，而不是一座真正的宮殿！但是，帕克斯頓擁有的不僅是標新立異的想法，更有多年設計和建造大型溫室的經驗。他大膽地發揮了自己的創造力，完成了這個別出心裁的設計。

幸運的是，這座新建築正是按這名「無知的花匠」所設想的那樣建造的。公眾欣然接受了它。當整個建築和它的所有裝飾都沐浴在燦爛的陽光之下，英國人也從那裡看到了他們所有對光明的夢想。那是「日不落帝國」的時代，而現在，陽光就照在這座巨大的玻璃溫室，反射出水晶般炫目的色彩。

「仲夏夜之夢」

這座建築的施工開始於一八五〇年八月，到一八五一年五月一日全部工程結束的時候，才只不過九個月時間而已。時間短未必就不能成就精品。事實上，即使只是看看舊日照片，它依然能給人帶來深深的震撼。

這座鋼鐵和玻璃的巨型建築，共用去了鐵四千噸、玻璃九萬三千平方公尺。它幾乎完全由許多不斷重複的橫截面組成，整個建築使用了三千三百根一樣粗細的鐵柱，構成一樣大小的空間，另外還用了三十萬塊一樣大小的玻璃、總長度達三百多公里的木質框架以及二千三百根鐵梁。所有構件都按事先確定的數量在工廠中製造完成，在建築場地只需要把它們組配到一起。所以，水晶宮的建設創造了當時的速度紀錄。

這是一個三層建築，總長五百六十四公尺，寬一百二十五公尺，房頂面積為十萬平方公尺，有很多陽台，外牆與屋面均為玻璃，而內部的支撐則是透花的鐵架。整個建築通體透明，寬敞明亮，因此被生動地譬為「水晶宮」。水晶宮內部沒有任何隔板，主要空間是一個氣勢雄偉的大廳，另有許多底層通道和上層走廊貫穿整個建築。大廳中央的十字通道有二十二公尺寬、三十三公尺高。由於有專家擔心建築設計在空前的人潮面前的穩固性，在正式建造之前還建了一個模型，由三百個工人來回走動、跳躍來進行測試。

英國人似乎總給人留下刻板的印象，但是一座水晶宮卻將他們的想像力和創造力表現得淋漓盡致。在當時歐洲的其他國家，甚至是在巴黎，展覽也只能在一個石樓內進行，規模更不可能有這麼大。而且這種全新的建築方式——「玻璃和鐵的風格」，更是其他國家的建築和藝術流派不可能接受的。

一八五一年第一屆萬國博覽會的展覽館「水晶宮」（右），以及它夢幻般的內部大廳（左）。

水晶宮猶如一座大型溫室，花木扶疏。

水晶宮的設計者約瑟夫·帕克斯頓。他的大膽創新使得自己名留青史。

第一屆萬國博覽會開幕時的水晶宮

維多利亞女王主持萬國博覽會開幕儀式。最讓人驚訝的是，有一位身著官府的中國人赫然站在台下最顯眼的位置。

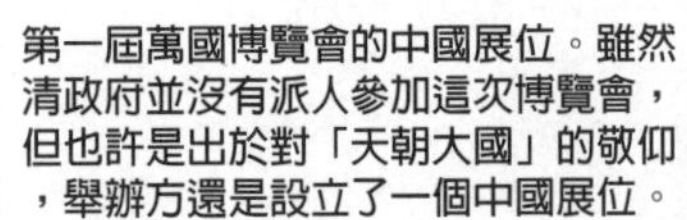

第一屆萬國博覽會的中國展位。雖然清政府並沒有派人參加這次博覽會，但也許是出於對「天朝大國」的敬仰，舉辦方還是設立了一個中國展位。

開闢了建築史上種種創新的水晶宮，一經亮相就引起了巨大轟動，被認為是那個時代建築工程的奇跡。多年以後，當親歷者們回首這次博覽會時，許多人也許對會上的展品已經記得不那麼清楚了，卻總是記得水晶宮而且印象深刻。作為英國工業革命時期的代表性建築，水晶宮也成為那個時代工業設計領域的先鋒。

「萬園之園」圓明園

在十九世紀五〇年代的世界，可與水晶宮相媲美的大概只有中國的圓明園了。這個位於北京西郊的龐大建築群，其歷史始於康熙年間，經過五位皇帝，歷時一百五十一年才全部建造完成。一七〇七年（康熙四十六年），康熙皇帝開始興建圓明園，當第一階段的工程完成之後，康熙將它賜給了皇四子胤禛（也就是後來的雍正皇帝）。一七二二年十二月二十日（康熙六十一年十一月十三日）雍正即位後，依照紫禁城的格局，開始大規模建設圓明園。

乾隆在位期間，圓明園達到它的巔峰期。當時，清朝國力鼎盛，乾隆以傾國之力，對圓明園進行空前規模的擴建，使之成為由圓明園本身、長春園、綺春園、熙春園和近春園五座園林組成的建築群，這就是北京西北郊相當著名的三山五園。一七四四年（乾隆九年），乾隆分景題詩成「圓明園四十景」。乾隆之後，嘉慶、道光、咸豐又對圓明園進行多次續建，直至將其建成。十九世紀時，熙春園和近春園被賞賜給親王，因此人們習慣上所稱的圓明園，實際上是圓明、長春、綺春（後改名「萬春」）三園的總稱。

圓明園占地三百五十公頃，有著名景區上百處。假山、風景、池塘、水道結合宮殿、樓閣、廟堂，形成了一個龐大的建築群。在圓明園的鼎盛時期，這裡既是規模空前的皇家園林，又是皇帝發號施令、行使權力的統治中心。皇帝每年總有三四個月在此居住，處理政務和進行各種政治活動。在圓明園的大宮門兩旁，曾設置了內閣、六部、軍機處等中央政府部門的辦公處。在西北面，還建有皇帝上朝聽政的「正大光明殿」、舉行盛大宴會的「九州清宴」、供奉歷代清帝聖容和祭祀用的「安佑宮」和藏書樓「文源閣」等宮殿建築。

除此之外，圓明園還是一座珍寶館，收藏了極為豐富的文物珍寶、字畫典籍，上自先秦時代的青銅禮器，下至唐、宋、元、明、清歷代名人書畫和各種奇珍異寶，堪稱東方文化藝術寶庫。

圓明園匯集了無數天下勝景和名園的精華，其中有五十多處景點直接模仿外地的名園勝景，如仿杭州的西湖十景「平湖秋月」「蘇堤春曉」「三潭印月」「曲院風荷」等，不僅模仿建築，連名字也照搬過來。此外，還有仿桃花源的「武陵春色」、仿廬山的「西峰秀色」、仿獅子林的「疊石迷宮」、仿瞻園的「茹園」、仿孤山放鶴亭的「招鶴蹬」，等等。

更有趣的是，圓明園中還建有西式園林景區，形成了一種中西合璧的獨特風格。在長春園的北端，建有一組園林化的歐洲式宮苑，其中有座「西洋樓」，由義大利傳教士、畫家郎世寧（Giuseppe Castiglione）等人設計，建於清乾隆十二年至二十四年（一七四七～一七五九年）。西洋樓的建築用料大量是精雕細刻的石材，主要景區裝置了多種形式的水池和機關噴泉。園路鋪飾、綠

一七四四年（乾隆九年）由宮廷畫師沈源、唐岱繪製而成的《圓明園四十景圖詠》，向我們展示了圓明園的真實面貌。圖為其中之「九州清晏」。

由義大利畫家郎世寧設計的西洋樓「海晏堂西面」銅版畫

籬修剪，以及圍牆、石雕、銅像等，都頗具西方特色，但樓頂卻蓋上了中國特有的琉璃瓦，牆壁上鑲嵌著琉璃磚，同時採用了中國傳統的疊石技術和磚雕工藝。西洋樓建築是歐洲建築文化第一次傳入中國的完整作品，也是歐洲與中國兩大園林體系首次結合的創造性嘗試。

東西方風格結合得如此完美，這使得圓明園成為當時世界上的唯一，無怪乎它被歐洲人譽為「萬園之園」、「世界園林的典範」。

「在世界的一隅，存在著人類的一大奇跡，這個奇跡就是圓明園。一個近乎超人的民族所能幻想到的一切都匯集於此，只要想像出一種無法描述的建築物，一種如同月宮似的仙境，那就是圓明園。」當法國人雨果（Victor-Marie Hugo）寫下這段話的時候，這個仙境般的奇跡卻已在烈火與濃煙中化作廢墟。

火燒圓明園

在一代又一代皇帝的修建中，圓明園成為那個時代最輝煌的景觀。就在清朝國力最強的乾隆年間，一個仲夏之夜，這裡曾上演過這樣一幕：那一天，乾隆和他的侍從正在蓬島瑤台上看戲，突然，一陣陣吵鬧的青蛙聲在四周響起，侍從一時手足無措，不知如何是好。當時在場的大學士劉墉卻是靈機一動，他半開玩笑地乞請乾隆頒下諭旨，命令青蛙閉嘴。乾隆竟也真的同意了，並讓劉墉將詔書投入湖中。這時，青蛙居然奇跡般地停止了叫聲。在場的人們很是驚奇，少不得對乾隆皇帝大加奉承。但是沒過多久，青蛙們又開始了牠們的歌唱，官員和太監們真有些驚慌失措了，他們只好焦急地投石入湖，希望可以把青蛙嚇跑。

這當然是一則趣聞，未必為真。或許乾隆皇帝的一紙詔書，真能讓青蛙們也感受到龍威，然而多年以後，同樣貴為天朝大國的天子，咸豐皇帝卻最終沒能阻止侵略者將圓明園洗劫一空。事後的感喟總不免令人唏噓，但是誰又能提前預知，多年之後的那場悲劇，其實在這個仲夏之夜就早早地埋下了伏筆。

若以中國建築一向講究的風水而論，圓明園的風水似乎非常之好。而一位清朝學者的說法則頗耐人尋味：一八三九年（道光十九年），道光皇帝在圓明園的二宮門外拆掉一座拱形橋，以方便他觀看騎射。這位學者引用一個風水師的話說，一條河需要有一座橋就像瞄準目標的弓，在去掉這座橋後就象徵失去目標的弓，成為軍事衰弱的不好預兆。次年，鴉片戰爭打開了中國關閉已久的大門，當災難接踵而至時，這位學者幾乎相信風水師所做的預言。

按照《清史稿》的記載，一八四二年十一月七日（道光二十二年十月初五），道光皇帝曾在圓明園的「山高水長」內搞了一次閱兵。此時，鴉片戰爭剛剛戰敗，而中國因在戰爭中失利而被迫簽訂了不平等條約，隨之而來的是割地賠款，這是中國近代史的開端。大清國已經徹底失去了她作為天朝大國的地位。但是，道光皇帝似乎並沒有意識到這一點，這一次的閱兵也並沒有成為他加強國防的前奏。八旗兵弁演練了一番槍操便草草收場，沒有人告訴他們應該再為這個衰敗的帝國做點什麼。不是不想，大概更多的是沒有人能想到還可以做點什麼來挽救這個衰敗帝國的頹勢。

一八五〇年二月二十五日（道光三十年正月十四日），道光皇帝駕崩，十九歲的咸豐登基做了皇帝。這位弱不禁風的年輕皇帝將要面對的，是帝國風雨飄搖的命運。

一八六〇年（咸豐十年）十月，英法聯軍攻陷北京，圓明園這座舉世無雙的皇家園林慘遭侵略軍的蹂躪，聯軍闖入圓明園，一場駭人聽聞的大搶劫在這座「月宮般的仙境」上演了。強盜們把園中的珍寶、古玩、金銀、書畫、瓷器、綢緞劫掠一空。園內凡是能拿走的東西，他們統統掠走，拿不動的，就用大車或牲口搬運。實在運不走的，就任意破壞、毀掉。

洗劫開始於十月六日（陰曆八月二十二日），據目擊者言，「所有可以帶走的貴重物品，包括黃金、白銀、鐘表、琺瑯器、瓷器、玉石、絲綢和刺繡品，以及其他眾多的貴重物品都被聯軍奪走」。之後，為了掩蓋他們的野蠻暴行，十月十八日（陰曆九月初五），侵略者點燃罪惡的大火，將這座中外罕見的藝術寶庫焚毀。大火三日三夜不滅，煙雲籠罩整個北京城。

一百多年後的今天，人們已經很難想像那場燒了三天三夜的大火是怎樣一點一點地侵噬了這座「萬園之園」。而這，甚至是現場目擊者也很難想像的。在一名英國士兵寫給母親的家書中，人們可以讀到這樣的句子：「你絕對不能想像我們燒毀了這個美麗而雄偉的地方。將之燒毀使人心酸；事實上，這些宮殿非常龐大，由於我們必須要在限定的時間內完成任務，使我們無法徹底地掠奪。大量黃金裝飾當作黃銅被焚燒。很不幸，這對軍隊來說是一個讓軍紀喪盡的任務，每一個人為了掠奪而變野蠻了。」

一九〇〇年（光緒二十六年），八國聯軍攻入北京，圓明園再遭劫難，園內殘存的十餘處景區

道光皇帝曾在圓明園舉行閱兵，觀看八旗槍兵操練。

咸豐皇帝朝服像

慘遭劫掠，一代名園被徹底夷為廢墟。

新水晶宮的興衰

與圓明園相比，水晶宮的命運也同樣曲折。世博會結束後，由於這座大建築影響了倫敦中心活躍的生活，因而被政府下令拆除。但是，人們對水晶宮仍然無法忘情，於是又將其拆下來的所有配件運到倫敦南部的塞登漢（Sydenham），按照更精緻的設計重新組裝，並以此為中心建造了一座維多利亞式的公園——水晶宮公園（Crystal Palace Park）。拆掉之後完全能重建，這在建築史上也是絕無前例的。

一八五四年六月十日，新的水晶宮由維多利亞女王（Queen Victoria）主持向公眾開放，此後舉辦了很多大型的演出、展覽、音樂會、慶典和其他娛樂體育活動。

新水晶宮位於風景如畫的倫敦橋（London Bridge

易地重建之後的水晶宮

）南面，占據著那裡最高的位置。當參觀者登上水晶宮兩座塔樓中的任一座時，泰晤士河（River Thames）沿岸的美麗風光一覽無餘。此外，在公園和新水晶宮裡有很多各式的名勝古跡，包括幾個義大利風格的花圃和帶噴泉的貯水池，噴泉能噴四十五公尺高。每到週四和週六晚上，這裡還有煙火表演。

在清末出使西洋的官僚中，曾任首任駐英副使和駐德公使的劉錫鴻大概是最保守頑固的一位。他一向看不起西方，主張「用夏變夷」。然而，在目睹了水晶宮的精緻華麗之後，劉錫鴻也不禁由衷感歎道：「倫敦東南三十餘里，有水晶宮，博雅那❶所築館舍也。穹隆廣廈，上罩玻璃。琢石為人，森立道左。花間樹外，鑄鐵肖澳大利亞洲野人形，張弓矢，持戈矛，若鬥若獵。」「是夜為煙火之戲，有博樂佩芝者，邀請臨觀。煙火製造之巧，非中國所及。」

大火後的水晶宮廢墟

作為倫敦的娛樂中心，新水晶宮矗立了整整八十二年。遺憾的是，一九三六年十一月三十日，一場突如其來的大火將整個水晶宮徹底焚毀。第二天早上，除了一堆扭曲的金屬和融化的玻璃，什麼也沒有留下。水晶宮的焚毀造成了整個地區的衰落，也宣告了輝煌的維多利亞時代（Victorian era）的結束。

盛衰的見證

對於圓明園的焚毀，清朝的統治者可謂痛心疾首。因此，隨著短暫的「同光中興」的來臨，圓明園的重修也開始了。一八七三年十二月七日（同治十二年十月十八日），破土儀式舉行。可是，當時的清廷已經是內外交困，因此包括主持軍機處的恭親王奕訢在內的眾多大臣都對此表示了強烈的反對。重建需要巨額的經費，而此時的清朝已經無力支付這樣一筆龐大的開支了；雖有私人捐款，但那幾乎是杯水車薪，到一八七四年五月十七日（同治十三年四月初二），僅僅籌得三十萬兩白銀。由於經費不足，工程曾多次停工。可是，同治皇帝並沒有就此死心，而是千方百計從內務府和戶部搜羅各種錢款。到重修工程正式結束的時候，共耗費了四百八十一萬兩白銀。

圓明園的興起與衰落幾乎成為那個時代的見證，正如歷史學家汪榮祖所言——

> 圓明園這座皇家御園的興衰，是清朝帝國史的一個縮影。它的興起，跟康熙大帝以中國為中心的世界秩序之崛起是並行的。圓明園總共耗了一個半世紀無休止的營造，成為一座可以稱得上是中國從未有過最雄偉的帝王宮苑，可說是偉大中華帝國的一顆閃亮的明珠。這座巨大的庭園在來華傳教法國神甫王致誠（Jean-Denis Attiret）的眼裡，可真是「人

同治皇帝朝服像。同治在親政後不久，就下旨將圓明園廢墟中的著名景點「擇要興修」，以作為慈安、慈禧太后安養之所。

西洋樓的殘垣斷壁，在向人們訴說著那段屈辱的歷史。圖為「大水法」遺跡。

間天堂」。

「圓明」這兩個字在字義上是「圓融和普照」，意味著完美和至善，但事實上這個名字是佛語。引用著名的唐代僧人玄奘所說的，贍部洲中釋種淨飯王第一夫人，今產太子悅豫之甚，因為他將是大徹大悟之人，當證「圓明一切智」。康熙和雍正兩帝喜愛佛學，是眾人皆知的。康熙被譽為「佛心天子」，而雍正也稱自己為「圓明居士」，因此，康熙選擇這個富有佛學意涵的名詞作為宮苑的名字，一點也不讓人意外。另一點也不讓人意外的是，圓明園和大清帝國同享光榮與屈辱，圓明園的摧毀跟大清帝國的衰敗是分不開的。正確地說，由於大清帝國在十九世紀的式微，讓這座帝王宮苑得不到保護而隕落。

無論是「萬園之園」圓明園，還是水晶宮，它們都曾在仲夏夜上演過一段傳奇，卻最終同在烈火與濃煙中化成了廢墟。一個承載著幾代皇帝的園林之夢，一個開啟了工業時代標新立異之風；當歲月的手將這一頁輕輕翻過，卻將一些東西永遠沉澱在一個民族的記憶中。再一次地，從圓明園的廢墟走過，耳邊似乎又響起那一夜嗶嗶啵啵的聲音，那是烈火燃過的聲響，也是一個古老民族無聲的抗爭。屈辱與反抗，頹敗與覺醒，當所有的一切雜糅一處，歷史也在那一刻變得如此凝重。

編註

❶博雅那，指艾伯特王夫（Albert, Prince Consort），維多利亞女王的配偶。

第四篇

無奈的學習

幾番風雨，幾多曲折，步履維艱，卻有一種出人意料的生命力與堅持。這樣的一段歷史，誰能輕易就忘記呢？

黃鵠振翅傲東方

「黃鵠」號與「大東方」號

西元一八六五年
清同治四年

一八六五年的一個清晨，南京下關碼頭人頭攢動，人們在等待一個重要時刻的到來。很快，隨著汽笛一聲長鳴，一艘輪船緩緩駛離碼頭。船行得很慢，但十分平穩。輪船行過處，江水也向兩側分開去，白色的浪花在船尾翻騰。江邊的人們則興奮地遙望著、指點著、談論著。

對於生活在長江兩岸的人們來說，輪船的汽笛聲早已在多年前的某一天打破了他們的寧靜，但是這一次卻與以往不同——這次下水試航的是中國人自己設計製造的第一艘蒸汽機船「黃鵠」號，它的主要設計者名叫徐壽。

那是一個蒸汽動力的時代，而中國人就在這個時代一溜小跑地追趕著世界的腳步。當「黃鵠」號在長江上乘風破浪時，一艘巨輪「大東方」號（*Great Eastern*）正在大西洋上鋪設第一條橫越大西洋的海底電纜。不過，與被稱為「海上浮城」的「大東方」號相比，「黃鵠」號可就相形見絀了。「大東方」號的排水量高達二萬七千三百八十四噸，而「黃鵠」號的排水量只有區區四十五噸！

著迷於蒸汽船的人們

蒸汽輪船的出現是與蒸汽機的發明分不開的。早在十八世紀中葉，英國人瓦特（James Watt）已經製造出世界上第一台往復式蒸汽機。它很快成為工業革命最有力的動力，也迅速改變了世界航運業的面貌。

可是在最初的時候，蒸汽動力船的設計與製造史上卻寫滿了失敗。

一七八〇年，法國青年貴族茹弗魯瓦・達彭（Claude-François-Dorothée, marquis de Jouffroy d'Abbans）在里昂（Lyon）郊區造了一艘木製蒸汽輪船「皮羅斯卡菲」號（*Pyroscaphe*，源自希臘文，意為「火船」），船長四一・五公尺，重一百八十二噸。一七八三年七月十五日，這艘船在法國索恩河（Saône）上逆水向巴黎方向前進。然而不幸的是，在行駛過程中，鍋爐突然爆炸，這艘蒸汽船很快沉入河底。

一七八五年，美國的約翰・菲奇（John Fitch）經多方奔走，在從五個州得到了資金和必要的專利證明書後，於一七八七年製成「毅力」號（*Perseverance*）汽船，並試航取得成功。一七九〇年，菲奇在費城和伯靈頓（Burlington, New Jersey）之間開闢了一條汽船航線。不幸的是，由於汽船操作經常失靈，乘客很少。更為不幸的是，這艘船在一七九二年的一場暴風雨中被摧毀。菲奇四處求援，卻未能得到支持，這讓他的勇氣和信心備受打擊。一七九八年，菲奇最終選擇以自殺的方

英國發明家賽明頓，與他製造的蒸汽輪船「夏洛特・鄧達斯」號。

式告別人世。

英國人威廉・賽明頓（William Symington）與菲奇的命運頗為相似。一七八八年，他採用瓦特發明的一種蒸汽機作動力建造了一艘輪船，在福斯─克萊德運河（Forth and Clyde Canal）試航獲得成功。一八〇三年，賽明頓又製造了用作拖船的蒸汽輪船「夏洛特・鄧達斯」號（*Charlotte Dundas*），準備在福斯─克萊德運河上開展客貨運業務。當時，運河上的運輸以馬拉船為主。由於擔心賽明頓的發明會威脅到自己的飯碗，這些船主們聯合起來，一致強烈反對賽明頓的輪船，他們說蒸汽輪船航行時激起的浪花太大，會損害運河堤岸。結果，「夏洛特・鄧達斯」號的航行就這樣無疾而終，賽明頓也於不久之後在失望和鬱悶中悄然辭世，而他的船則被棄於河岸荒草中慢慢腐爛了。

一七九二年，美國人約翰・史蒂文斯（John Stevens）取得了用蒸汽機推動輪船的新方法的專利，在一八〇四年建成具有四葉螺旋槳的「小茱莉安娜」號

（*The Little Juliana*）輪船。一八〇七年，他又建造了帶輪槳的「費尼克斯」號（*Phoenix*）輪船。在隨後的試航中，「費尼克斯」號歷盡艱險，歷時十三天，最終完成了從紐約到費城的全部航程，成為世界上第一艘在海上航行的蒸汽輪船。

「啊，上帝，那玩意兒眞開動啦！」

然而，當時光從並不遙遠的十八世紀走過，人們記住最多的似乎只是美國人富爾頓（Robert Fulton），而他所設計製造的「克萊蒙特」號（*Clermont*）蒸汽輪船❶更為他贏得了「輪船之父」的美譽——這也許是因為富爾頓太成功，也許是因為人們已經習慣了將失敗者從記憶中剔除的緣故吧。

一七八七年，二十一歲的美國人羅伯特・富爾頓到英國倫敦畫畫謀生。一次偶然的機會，富爾頓見到了蒸汽機發明家瓦特，二人結為好友。後來，富爾頓去了法國，並在另一次更偶然的機會見到了他的未來岳父——美國駐法國公

年輕的美國發明家富爾頓，他被後人視為「輪船之父」。

使利文斯頓（Robert R. Livingston）。從他那兒，富爾頓看到了菲奇設計的蒸汽輪船圖紙，立刻便意識到了它的價值。利文斯頓決定資助富爾頓進行發明輪船的研究，而且將富爾頓招為自己的女婿。

九年後的一八〇三年八月九日，富爾頓設計製造的第一艘以蒸汽機作為動力的輪船在法國塞納河（Seine）試航成功。然而不幸的是，就在試航成功那天晚上，這艘船卻被突如其來的暴風雨摧毀了。不過，暴風雨的打擊並不能讓年輕的富爾頓沮喪，他對製造輪船的興致更高了。一八〇五年，他得到瓦特的支持，從英國購買了瓦特新設計的一台大功率蒸汽機，並將它帶回美國，開始了緊張的研製工作。

「克萊蒙特」號第一次試航時的情景

兩年時間一晃而過，富爾頓的工作也有了成果。一八〇七年八月，一艘新造的鐵殼輪船出現在美國哈德遜河（Hudson River）上。這艘船有四十五公尺長，四公尺寬，名叫「克萊蒙特」號。

下水試航這一天，「克萊蒙特」號上搭乘了四十位乘客，而岸邊更有大批好奇的觀眾圍觀。隨著蒸汽機的轟鳴聲，「克萊蒙特」號緩緩駛離岸邊。一位觀眾大聲喊叫起來：「啊，上帝，那玩意兒真開動啦！」

那是工業時代最有代表性的畫面：機器的轟鳴聲、冒著黑煙的大煙囪、或吃驚或歡呼或讚歎的人群……在蒸汽動力開啟的整個工業革命時期，這樣的一幕不是第一次出現，也不是最後一次。

從紐約到奧爾巴尼（Albany），水路全程二百四十公里。若以當時最好的帆船，順風順水也要折騰上四十八個小時，而「克萊蒙特」號只用了三十二小時就完成了這段逆水航行；回程時順水，「克萊蒙特」號僅用了三十個小時就走完了全程，平均時速達到五．六公里。這樣的實力，為富爾頓贏得了獨占哈德遜河上航行的權利。這個年輕的美國人隨後開辦了自己的船運公司，並乘勝追擊，相繼製造了十七艘輪船。

富爾頓的成功給許多人以啟發，僅僅五年時間，美國和歐洲的內陸河流中已經有五十多艘蒸汽輪船投入了營業性航運。隨後，拖著高高的大煙囪、兩隻巨大的明輪嘩嘩作響的輪船漸漸占據了美國的內河航運，並一步步地駛向了歐洲大陸。

那些跑在長江上的外國船

這是十九世紀的第一個十年。當蒸汽動力讓歐美航運業煥然一新之時，中國的木帆船主要依靠的動力還來自人力和風力。「搖櫓划槳、背縴使舵」，是當時中國航運最真實的寫照。

時光流轉。十九世紀四〇年代，隨著鴉片戰爭以及許多不平等條約的簽訂，中國在不得已之下打開了關閉得太久的國門。通商口岸的開放，外國資本的入侵，讓曾經寧靜的長江變得異常熱鬧起來。可是，當外國來的輪船一步步深入長江腹地時，昔日多如過江之鯽的沙船，其業務卻一落千丈，只能勉力維持。

寫在中國近代史上的是這樣一串數字：侵入長江的外國航業公司共有八十七家，其中英國二十二家，美國十六家，義大利十一家，日本八家，德國、法國、瑞典各五家，俄國、挪威、芬蘭、丹麥、智利各一家。洋船以占全長江輪船百分之四十七的噸位，壟斷了全長江百分之六十以上的客貨源。

充塞於長江之上的外國輪船，讓那些渴望富國強兵的中國人感觸萬千。曾經有這麼一個故事：太平天國期間，清朝湖北巡撫胡林翼在安慶視察軍情，正當舉目四望、躊躇滿志時，忽見江中兩艘西洋輪船，逆水直上，迅如奔馬。胡林翼臉色驟變，突然嘔血，差點摔下馬來。作為當時最有識見的清朝大吏之一，胡林翼見到西洋火輪船堅砲利，一旦侵我中華，我無克制之術，自然憂心如焚。受此刺激，胡林翼的肺病痼疾重發，幾個月後死在軍營之中。

與胡林翼一樣，兩江總督曾國藩也認識到：「輪船之速，洋砲之遠，在英、法則誇其所獨有，在中華則震於所罕見。」他在力主學習國外的同時，更希望中國的長江上能有自己的機動輪船航行，與外國的輪船一爭高下。一八六一年（咸豐十一年），曾國藩聘請徐壽擔任中國第一個近代軍工廠——安慶內軍械所的工程師，準備研製中國自己的輪船。

黃浦江上泊滿的客輪、貨輪，均為外國輪船。

中國典型的木造帆船。當時無論是軍艦或商船，都是木殼船，航行時須仰賴人力和風力。

徐壽，字雨村，生於一八一八年（嘉慶二十三年），江蘇無錫人。在安慶，徐壽接受的第一項工作是製造輪船。從此，作為化學家的他開始與船結緣。這位習慣了與化學試劑打交道的人，在輪船面前算得上是一個真正的門外漢了，可是他決心實現這個偉大的理想。

設計製造中國人自己的機動輪船，首先要面對的就是動力問題，或者更確切地說，是船用蒸汽機。在當時，現成的資料並不多，因為其時雖說也有不少中國人開始對蒸汽機等來自外國的新事物發生了興趣，但是真正從事這方面研究的人並不多，更何況將這些技術整理成為文字和圖紙總還需要一些時間。徐壽和合作者華蘅芳及其子徐建寅等人在建造輪船時，除了一本翻印的《博物新篇》之外，國內並沒有太多現成的資料可供利用。

除了查閱不太多的資料之外，實地考察則是徐壽研究蒸汽輪船的另一個非常直接的途徑，儘管這樣的機會也不多，但是憑著敏銳的觀察力和記憶，徐壽在每一次登上外國人的輪船之後都會有很大的收穫。這種能力讓他的合作者大為佩服，華蘅芳曾向王韜感歎道：徐壽「嘗登西人火船，觀其輪軸機捩，即知其造法，可謂明敏者矣！」

作為洋務派的代表人物，曾國藩曾向美國租用了兩艘小砲艦，其中一艘「可敷」號已經損壞，另一艘名叫「土只坡」號，主要往來於上海和安慶之間，為曾國藩軍隊的糧餉運輸護航。這艘砲艦也給徐壽提供了實際考察艦船輪機的便利條件。徐壽對這艘船進行了非常詳細的觀察，得到了許多寶貴的收穫。

清末著名化學家、製造專家徐壽

晚清中興名臣曾國藩。他對徐壽等人的輪船研製工作十分支持。

中國建造的第一艘輪船「黃鵠」號復原圖

清末著名數學家華蘅芳。他是徐壽的得力助手。

洋人之智巧，我中國人亦能爲之

從文獻分析到實物考察，雖然時間不長，但由於非常用心，此時的徐壽已經對蒸汽機的配置和運行頗有幾分把握了。為了保險起見，徐壽決定先試製一個模型機。在置辦好了製造輪船所需的各種材料之後，他和華蘅芳、徐建寅一道開始了艱苦的研製工作。三個月後，一台船用蒸汽機模型機試製成功。這個模型機的鍋爐採用類似鋅合金的材料製成，氣缸直徑為一．七英寸，機器轉速每分鐘二百四十轉。

一八六二年七月三十日（同治元年七月初四），模型機的試演在曾國藩的官邸進行。曾國藩和他的幕僚們共同參觀了這次試演。這該是值得記錄的一個歷史片段。連接鍋爐和汽缸的閥門打開了，活塞連杆開始擺動，帶動著沉重的飛輪迅速轉動起來。演示過程中，徐壽按照蒸汽的循行路線，向大家依次介紹蒸汽機的主要組成部分、內部結構和工作原理。曾國藩邊聽邊問，對每個技術上的細節都不放過。這次試演令曾國藩感到很滿意。他在這一天的日記中寫道：

> 中飯後，華蘅芳、徐壽所作火輪船之機來此試演。其法以火蒸水，氣貫入筒，筒中三竅，閉前二竅，則氣入前竅，其機自退，而輪行上弦；閉後二竅，則氣入後竅，其機自進，而輪行下弦。火愈大，則氣愈盛，機之進退如飛，輪行亦如飛。約試演一時。

「竊喜洋人之智巧，我中國人亦能為之，彼不能傲我以其所不知矣」，曾國藩這句話大概說出了當時很多人的心中所想。

模型機成功之後，徐壽等人經過一段時間的準備，又投入到輪船的試製工作中。有了前面的成功，這一次的研製工作進展得很快。一八六三年九月十四日（同治二年八月初二），在輪船用蒸汽機製造完成後，曾國藩曾親往觀看了這台機器。兩個月後，用它裝備的一艘長近三丈的螺旋槳式小火輪製造完工。但是在試航時，由於供汽不足，這艘小輪船僅僅開出一里之後就停了下來。針對這一問題，徐壽改進了設計，用爐管鍋爐取代了原來的汽鍋，從而使這個缺陷得到了較好的解決。一八六四年一月二十八日（同治二年十二月二十日），曾國藩曾乘坐這艘小火輪在長江上行駛，並在日記中對此做了詳細的記錄。七月間，清軍攻陷天京（即南京），徐壽等人也隨曾國藩遷到了這座城市。

在蒸汽輪船的研製過程中，曾國藩始終對其投入了非常多的熱情。他不僅一再到研製現場去觀看徐壽等人的工作以及成果，而且在資金上也給予了很大支持。一八六五年（同治四年），當曾國藩卸任離開南京之時，他仍對輪船的研製工作念念不忘，並且一再囑咐，無論如何要儘快把船製造出來，所需費用由他個人承擔。

「黃鵠」首航

一八六五年，徐壽等人的工作終於有了結果。這是一艘木殼明輪蒸汽船，船長一六．七六公尺，載重二十五噸；它採用高壓蒸汽機，單汽缸，傾斜式裝置，汽缸直徑〇．三公尺。從輪船的整個結構來看，它的蒸汽動力部分幾乎占滿了船體的前半部。在船的各部結構中，只有製作傳動軸、煙囪、鍋爐等零件的鐵材料來自國外；造船所用的工具和設備，連同船上用的螺絲和螺栓、閥門、壓力計等，都是在既無外國模型和樣品參考，又無洋人協助的情況下，由徐壽父子獨立監製的。全部建造費用，包括製作模型、工具、器械、購買材料等，共用銀八千兩。

試航之日，江岸人山人海。徐壽親自掌舵，華衡芳擔任機長。隨著汽笛一聲長鳴，輪船緩緩駛向大江，在長江中破浪前進。在不到十四小時的時間裡，輪船逆水行了二百二十五里，回程順行則僅用了八小時。試航成功了。徐壽和他的合作者們，就這樣在中國造船史上寫下了濃墨重彩的一筆。

這件事在當時可謂轟動一時。上海一份由外國人辦的報紙《字林西報》（*North China Daily News*），就以〈中國人的機器技能〉為題，對此作了專門報導。

這艘船的名字「黃鵠」號，來自曾國藩的長子曾紀澤。這位晚清著名的外交家

曾國藩的長子曾紀澤為「黃鵠」號命名

，不但親自參加了試航，還興奮地給為其取名「黃鵠」號，寓意它會像傳說中的大鳥黃鵠一樣翱翔於江海。後來，曾紀澤北上看望父親時，曾用這條輪船拖帶他的座船直達高郵，並在船上大書「黃鵠」二字。

超越造船極限的巨輪

就在中國人自行研製的第一艘輪船下水的時候，國際船業正在從木殼船時代進入鐵殼船時代。英國人設計的「大東方」號，成為這個時代的第一個標誌。

「大東方」號是一艘用螺旋槳和風帆推進的鐵殼船，船長二百零七公尺，排水量二萬七千噸，比當時最大的船大六倍，船上安裝兩台蒸汽機，一台驅動明輪，另一台驅動螺旋槳。船上還有六根桅杆，桅杆上的帆如果全部掛起，總面積達八千七百五十平方公尺。這艘巨輪可載客四千人，載貨六千噸，這在當時超出了人類造船工程的極限，因此被譽為「海上浮城」。

它的設計者名叫布魯奈爾（Isambard Kingdom Brunel），是一位來自英國的工程師。在設計「大東方」號的時候，布魯奈爾雖已在鐵路和橋梁建設上卓有成就，但航運公司卻對他在造船方面的造詣頗有懷疑。這自然也是可以理解的，畢竟鐵路、橋梁的設計與輪船有著太大的不同。但是布魯奈爾卻很有韌勁。他屬於那種精力十分充沛的人，可以一天只睡四個小時卻依然能神采飛揚地應對挑戰，這種動力或許來自他每天的四十支雪茄，或者與他早在一八五一年就已許下的一個願望有關

英國工程師兼發明家布魯奈爾

布魯奈爾巡視「大東方」號建造現場

在海面上航行的「大東方」號

，這個願望就是——造出世界上最大的輪船。

為了實現這個理想，布魯奈爾決定不惜一切代價。可是，就在布魯奈爾籌到資金開工後不久，一場大火卻將造船廠變成了一堆廢墟，布魯奈爾已購置的一千噸甲板以及設計草圖，全部付之一炬。

布魯奈爾並未因此放棄，工程在廢墟上重新開始。一萬二千名工人先後參與到「大東方」號的建造工作中。三萬塊鐵板、三百萬枚大鐵釘最終被裝進了船殼。一八五七年十一月，當一艘猶如「披著史前時代巨獸堅甲」的龐然大物出現在泰晤士河上時，整個歐洲轟動了。十萬人觀看了「大東方」號的首航下水，但是這個龐然大物那天卻演砸了：因為船體過於龐大，布魯奈爾想盡辦法也沒能讓這艘船順利下水。

三個月過去了。一八五八年一月三十一日清晨，海邊湧起了大潮，在潮水的前推後擁之下，「大東方」號終於滑進了大海。然而，此時的布魯奈爾卻因中風而病倒在了床上。

一八六〇年六月十七日，「大東方」號首航紐約。當它抵達紐約港時，受到十四響禮砲的歡迎，這是商船從來沒有過的榮耀。在碼頭，輪船公司售票開放大眾參觀，結果有十五萬人上船參觀。

沒有乘客的「海上浮城」

可是，「大東方」號的商業營運卻是一團糟。雖然第一個航次就吸引兩千多人參加，但由於沒有預備充分的床位和食物，加上船上到處都很髒亂，沒有一位遊客能享受到想像中的樂趣。因此第二個航次的海上遊覽就只有不到一百人參加了。在此後的營運當中，一八六二年八月最高的一次載客紀錄是一千五百人，只有它運載能力的一半。由於每個航次虧損累累，而且船難一再發生，船東不得不讓「大東方」號停航，並於一八六四年將其改裝成布纜船。

一八六五年，「大東方」號承擔了鋪設由愛爾蘭到加拿大紐芬蘭（Newfoundland）的海底電纜的任務，可是鋪設到半途時，電纜突然斷裂，消失在茫茫海底。第二年，「大東方」號再次承擔鋪設工作，終於成功地鋪設了第一條橫越大西洋的電纜。

可是這似乎已經是回光返照。隨著一八七四年一艘專業布纜船的下水，「大東方」號變得落伍了，此後十二年間它一直被閒置在港口，沒有人關心這艘巨大的「海上浮城」，而是任其腐爛生鏽。一八八八年，「大東方」號終於報廢，被賣給拆船公司作了廢鐵。

布魯奈爾最終沒能看見他的「大東方」號的遭遇。當他去世的時候，才不過五十三歲。或許早逝對他來說是一件好事——他懷揣著多年前的一個夢想匆匆而去，卻永遠也不會知道，他的船幾乎連一名真正的乘客也沒有。

儘管「大東方」號有一個如此傷感的結局，但它依然算得上是蒸汽時代的一個奇跡。直到五十年以後，才有更大的船超過了它。

一八六〇年，「大東方」號抵達紐約港，停靠在碼頭邊。

停泊在英國米爾福德港（Milford Haven）的「大東方」號，攝於一八七〇年代。

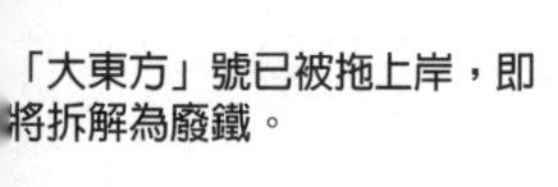

「大東方」號已被拖上岸，即將拆解為廢鐵。

意味深長的省略號

那是一個在技術上奇跡迭出的時代，而中國人也在那個時代張望著世界的樣子，追趕著世界的步伐。儘管「黃鵠」號的成就與「克萊蒙特」號、「大東方」號相比頗有差距，但在中國這卻是一項偉大的科學實踐。

可是，當徐壽和他的合作者們用他們的實踐證明「洋人之智巧，我中國人亦能為之」的時候，他們也許不會想到，「黃鵠」號在日後也將被畫上一串意味深長的省略號。

一八六八年（同治七年），上海的英文報紙《字林西報》上刊登了一篇文章，詳細介紹了三年前中國自行設計建造第一艘輪船「黃鵠」號的過程，以及這艘輪船的相關資料。文章認為，「黃鵠」號的建成是「顯示中國人具有機器天才的驚人實例」。這樣的讚譽或許會令許多中國人深感自豪，但是假如一路讀下去，讀到結尾處，人們就會發現，在技術之外，「黃鵠」號的故事更加耐人尋味：

> 「小祖宗」號是俄國建造的第一艘快艇，一七二四年，俄皇彼得大帝把它作為俄國海軍的開端，在克朗斯塔得（Kronstadt）為它舉行了盛大的慶祝活動；直到百餘年後，這艘小快艇仍然受到俄國人的關切和尊重，作為重要紀念物而被珍惜和保護。

與「小祖宗」號的命運截然不同，「黃鵠」號在建成兩年後開往上海，被轉交給江南機器製造總局，從此就擱置在碼頭附近，再也無人過問。僅僅三年之後，《字林西報》文章作者就發現，「黃鵠」號的機件幾乎全部腐蝕，船體殘缺不全，船艙多處漏水，漲潮時幾乎完全浸沒在水中。他因此不無惋惜地寫道：「就目前狀況來看，幾個月後，將再也見不到『黃鵠』了」。

蒸汽動力、船運交通，正是它們推動著西方世界一路跑進工業時代，而我們，曾經一度站在那個時代的門口張望，甚至一試身手，然而當這場新時代的比賽還未分出勝負之時，我們卻自己先退出了賽事。「黃鵠」一去不復返。當今天的中國人回想起它的時候，留給我們的不只有深深的遺憾，還有久久的沉思。

編註

❶原名為「北河」號（*North River*），在富爾頓去世兩年後，一位朋友替他寫傳記時不慎筆誤為「克萊蒙特」號，而被後世廣泛接受。

相同的老師，不同的學生
洋務運動與明治維新

西元一八六八年
清同治七年

十九世紀中葉，世界因軍事而改變。當歐美國家挾軍事技術與軍事思想的發展之勢而迅速崛起、各霸一方的時候，在亞洲，也有兩個國家正面臨著變革或滅亡的生死抉擇。

大清國經過太平天國、捻軍以及兩次鴉片戰爭的打擊，此時的清政府可謂內外交困；而在一水之隔的日本，由於無力抵抗歐美資本主義國家的堅船利砲，當時正在德川幕府統治下的日本被迫與美英俄等國簽訂了一些不平等條約。外患頻仍，內憂也隨之加劇，這些不平等條約在使日本產生民族危機的同時，也極大地加深了其國內矛盾。

作為一種無奈的選擇，同樣處於危機之下的中國與日本，幾乎同時走上了變革的道路。一八六八年，登基僅僅一年的明治天皇在倒幕派的策動之下發布了《王政復古大號令》，宣布廢除幕府，開始走上學習西方、富國強兵之路。就在同年，清政府派前美國駐華公使蒲安臣（Anson Burlingame）率中國外交使團出訪西方各國，學習西方先進經驗。江南機器製造總局成立了翻譯館，大量引進西方著作，從一八六二年開始的洋務運動漸趨高潮。

共同的危機促使兩個國家就這樣幾乎同時走上了學習西方的道路。可是在相同的境遇下，作為小學生的中國與日本將面對怎樣不同的命運呢？

《海國圖志》的不同際遇

一八四三年（道光二十三年），當魏源的《海國圖志》交付出版時，這位力主「睜開眼睛看世界」的思想家，曾希望他的書能為閉塞的同胞打開了解世界的一扇窗，然而令他沒有想到的是，儘管當時讀書人眾多，但最終《海國圖志》卻只印刷了千冊左右。少人問津倒也罷了，與魏源的期待相反，朝廷中一些守舊的官員因為無法接受書中對西方「蠻夷」的讚美之辭，甚至主張將《海國圖志》付之一炬。

在國內際遇如此尷尬的《海國圖志》，在日本卻大受歡迎。一八五一年，一艘中國商船駛入日本長崎港，日本海關官員在對這艘船進行例行檢查時，從船上翻出了三部《海國

中國近代啓蒙思想家魏源

圖志》。一本對日本後來的命運產生了重要影響的書，就這樣來到了這個小小的島國。日本官員和學者發現了這部奇書，如獲至寶。一八五四年，日本人在國內翻印了《海國圖志》，引起了更大規模的閱讀熱潮。此後，《海國圖志》在日本被大量翻印，一共印刷了十五版，價錢一路走高。到了一八五九年時，這部書的價格已經比最初時飆升了三倍之多。

一部《海國圖志》不僅讓兩國主張變革的人士第一次如此詳盡地看到了西方各國所走的道路，此書所提出的「師夷長技以制夷」的思想更成為變革的重要思想資源。

然而，同樣是「師夷長技以制夷」，師法卻截然不同。

「師夷長技以制夷」

排斥西方還是發展與西方的關係？對此時的日本與清朝，這都是一個很重要的問題。日本著名的維新思想家佐久間象山，在讀到《海國圖志》「以夷制夷」的主張後曾感歎說：「嗚呼！我和魏源真可謂海外同志矣！」正是在魏源思想的啟發下，佐久間象山最終選擇了後者。從全球的形勢出發思考日本的方略，成為這位思想家完成其思想變化之後提出的重要主張。日本另一位維新志士橫井小楠，也是在讀了《海國圖志》後得到了啟發，與佐久間象山共同提出了日本「開國論」的思想。「東洋道德與西洋技術的結合」，成為兩位維新思想家為日本選擇的道路。

在當時，日本的商品貨幣經濟已經得到了一定程度的發展，但資產階級和大商人、高利貸者在

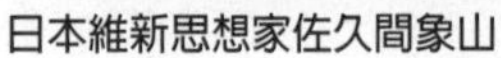

日本維新思想家佐久間象山

日本明治天皇像

政治上處於劣勢，他們在經濟上的權利也無法得到保障。同時，民族危機和國內矛盾的進一步發展，更成為倒幕運動的導火線。推翻德川幕府的封建統治，推行西方現代制度，成為當時日本的必然選擇。

一八六八年一月，登基僅僅一年的明治天皇在倒幕派的策動下發布《王政復古大號令》，宣布廢除幕府。七月，日本新政府宣布將江戶改稱東京，並定為首都。除了廢藩置縣、改革地稅、開礦設廠之外，明治天皇還下詔建立國會頒布憲法，請來法國專家幫助起草刑法典，以德國民法典為藍本編製日本民法典。

一場影響了此後日本命運的明治維新，就這樣在制度的變革中拉開了帷幕。在此後的數年時間裡，日本運用國家政權的力量，通過各種手段加緊推行資本原始積累，並以國營軍工企業為主導，大力扶植資本主義。一八七二年，日本國立銀行成立並發行大批紙幣，從而促進了貨幣流通和商品經濟的發展。

外面的世界很精采

兩次鴉片戰爭的失敗，使中國被迫打開了國門。為了對外抵禦列強，對內維護清政府的地位，以恭親王奕訢、兩江總督曾國藩、閩浙總督左宗棠、直隸總督李鴻章等為代表的洋務派提出，當以「中學為體，西學為用」為宗旨，引進西洋先進技術。以慈禧太后等人為代表的保守力量儘管很是不情願，但是他們顯然也看到了非如此不能挽救危機，因此也就默許了洋務派的提議。這場自上而下的變革後來被稱作洋務運動。

幾乎與明治維新同時，一八六八年六月十五日（同治七年閏四月二十五日），江南製造局翻譯館正式成立，成為洋務運動的標誌性事件之一。先後在館中擔任譯書工作的中國人有徐壽、華蘅芳、李善蘭、徐建寅、趙元益、李鳳苞、鄭昌棪、徐華封、舒高第等；英國人偉烈亞力（Alexander Wylie）、傅蘭雅（John Fryer），美國人瑪高溫（Daniel Jerome MacGowan）、林樂知、金楷理（Carl Traugott Kreyer）等也曾供職於此。該館自成立到中日甲午戰爭前，共翻譯各種外國圖書一百餘種，絕大多數為軍事技術、水陸兵法及各類科技書籍，是當時中國最大的譯書機構，成為中國人向西方學習的重要陣地。

江南製造局翻譯館外景

但是，要學習西方，僅僅譯介西方的出版物是遠遠不夠的，邁出國門親身體驗西方社會生活畢竟要比讀書更為直接。就在江南製造局翻譯館開館的當年，大清國的使臣們也出使西方，在兩年時間裡，觀察和體驗著西方社會的政治、經濟與文化。令人驚訝的是，率領這個考察團的居然是一位洋人！

一八六七年（同治六年），大清國與英法美等國簽訂的《天津條約》已滿十年。修約在即，恭親王奕訢認為，與其坐等，不如先期派遣使臣與洋人交涉，向各國陳述中國的困難，爭取主動。正是在他的建議下，清朝決定派出使團出洋。然而出使在即，朝廷上下卻找不出一個懂得中外交際禮節的領銜者。此時，即將離任的美國駐華公使蒲安臣主動請纓，結果得到了清廷的任命。次年初，蒲安臣以「大清國欽差大臣」身分率使團出訪美、英、德、俄等國，行程長達兩年之久。一八七〇年（同治九年），當蒲安臣病逝於俄國聖彼得堡（Saint Petersburg）之後，清政府為酬謝其擔任駐華公使時「和衷商辦」及此次出訪各國「為國家效力」，還對蒲安臣特加撫恤，「加恩賞給一品銜，並賞銀一萬兩」。

蒲安臣這位地地道道的美國人，居然成了清政府出使團的團長。為此，蒲安臣還受委託設計了中國第一面國旗。

恭親王奕訢是洋務運動的積極支持者，曾在同治、光緒兩朝擔任議政王、首席軍機大臣等要職。

蒲安臣率領清政府出使團出訪美國時的合影。一八七〇年，他在率團訪俄途中不幸去世。美國著名作家馬克・吐溫（Mark Twain）為他寫了悼詞：「他對各國人民的無私幫助和仁慈胸懷，已經越過國界，使他成為一個偉大的世界公民。」

在一八六八年開始的這次出使中，有一位名叫志剛的官員頗引人注目。這位記名海關道時任總理各國事務衙門章京（辦理文書的官員），對外交頗有了解。他後來在《初使泰西記》一書中詳盡記述了他出使西方的所見所聞，對於當時的中國人來說，它就像一個萬花筒，展示了西方社會的不同側面。

清朝在一八六八年的派團出訪雖然是晚清最為引人注目的一次外事活動，但是對於清政府而言，它向西方世界邁出的試探性的第一步開始於一八六六年（同治五年）。是年春，任職中國海關總稅務司的英國人赫德（Robert Hart）要回家結婚，遂向朝廷請假六個月，乘此機會，他同時向清廷建議派人赴西方考察。此建議正合洋務派心意，因此一拍即合。

曾擔任中國海關總稅務司長達四十五年的英國人赫德，對近代中國的外交、政治等諸多方面都有很大影響。

在當時，朝廷中很多人對出國考察之事並無太多興趣，甚至多有畏懼之心。這時，一位年已六十三歲的旗人斌椿，不顧親友們的反對，慨然請命。

當斌椿選擇了出洋之行，歷史也就選擇了他。這位原本寂寂無名的老人因此成為清朝官派出訪的第一位政府官員。數月之間，斌椿率三名同文館的學生及自己的兒子廣英，在赫德的陪同下先後訪問了法、英、荷蘭、丹麥、瑞典、芬蘭、俄國、普魯士、挪威、比利時等十國。斌椿出訪歐洲的任務是「沿途留心，將該國一切山川形勢、風土人情隨時記載，帶回中國，以資印證」。因此每時每地，斌椿都十分用心地觀察記錄。回國後，斌椿將他在西方的所見所聞寫成《乘槎筆記》，對於當時的中國人來說，那是一個五彩繽紛的世界，在那裡，不僅有火車、輪船、電報、顯微鏡，還有凡爾賽宮、凱旋門、大英博物館、議院、近代報社和芭蕾舞。

用心記錄沿途見聞與心得的，除了年逾六旬的斌椿之外，還有一位十八歲的風華少年。這就是張德彝，其時乃是同文館的一名學生，他曾幾次出洋，並留下了《航海述奇》與《歐美環遊記》。在張德彝的筆下，不僅有現代技術所構築的西方社會，洋人們的制度也給這名少年留下了深刻的印象。這裡沒有三跪九叩的繁文縟禮，卻有常常「微行於市」且「無異庶民」的皇室成員。有一次，他應邀在邦內街「銳武園」觀劇，法國君主拿破崙三世（Napoléon III）也同在劇場看戲，但「並無儀仗護衛，只有十數名紅衣兵耳」，這讓年輕的張德彝吃驚不小。而英國、美國的法律與選舉制度，則給了他另一番新奇感受。

但是，吃驚也好，讚歎也好，在當時，來自西方的現代制度僅僅是中國知識分子筆下的異國見聞，它從來沒有，也不可能成為中國人身處其中受益於此的現實。

正當中國人在世界的公園裡走馬觀花的時候，日本也邁出了向西方學習的步伐。一八七一年，明治政府派出一個包括百餘人的代表團，由岩倉具視率領赴歐美訪問，他們在訪問中大開眼界，親身體驗了東西方文化的異同。兩年後，代表團取經歸來，開始治世於日本。

除了走出國門體驗西方的現代制度，日本此前還曾派員考察其時的中國。一八六二年，日本曾派出政界和商界人士數人，赴上海考察。透過中國在兩次鴉片戰爭中的命運，日本看到了變革之必要性。

在由美國學者費正清主編的《劍橋中國晚清史》（*The Cambridge History of China: Late Ch'ing 1800-1911*）中，可以找到這樣的敘述：「對大批日本人來說，停泊在上海港口的帆檣如林的外國船隻令人信服地證明，要再繼續搞閉關鎖國的老一套是不可能的。西方人在布置上海防務時所表現的優越感和傲慢氣焰以及中國人在對待西方人士時明顯地流露出的恐懼心理，同樣給許多人以深刻的印象。因此，許多日本人愈來愈相信，必須獲取西洋武器以準備抗拒西方。」在事關國家生死存亡的時候，中國又一次充當了日本的「老師」，而這一次的「老師」卻做得如此令人尷尬與無奈。

強國先強兵

洋務運動是近代中國人為了富國強兵而進行的最大規模的嘗試。而要富國強兵，就要有自己的近代軍事工業。一八六二年（同治元年），清廷下令都司以下軍官一律開始學習西洋武操，各省防軍開始更換新式武器。也是在這一年，曾國藩在安慶設立內軍械所，李鴻章在上海創辦製砲局。在此之後，一系列中國近代軍事工業開始出現在這片古老的土地上。

一八六六年（同治五年），上海發昌機器廠創建。這是中國最早的私營機器製造廠。同年，閩浙總督左宗棠在福州創辦福州船政學堂，也稱「求是堂藝局」，這是中國最早的造船及駕駛技術學校，分前學堂、後學堂，招收十六歲以下學生入學。前學堂學習輪船製造，先後畢業學生八屆，共一百八十名。後學堂學習輪船駕駛或管輪，由英國人主持，學期五年，先後畢業駕駛專業學生十九屆，共二百四十七名；管輪專業學生十四屆，共二百一十名。學生畢業後，一般授以水師官職或派充監工、船主等。

在創辦船政學堂的同時，左宗棠還在福州馬尾創辦馬尾船政局，也稱福州船政局，這是清政府經營的規模最大的新式造船廠。整個船政局由鐵廠、船廠和學堂三部分組成，初期由法國人日意格（Prosper Marie Giquel）和德克碑（Paul-Alexandre Neveue d'Aiguebelle）分任正、副監督，總攬一切事務，雇用數十名法國技師和工頭，工人一千七百至二千名。自一八六九年（同治八年）鐵廠開工至一八七四年（同治十三年），五年中共製造輪船十五艘，均為木殼船。一八七五年（光緒元年），船政局依約辭退洋人，一切設計、施工等皆由中國人擔任。到一八九五年（光緒二十一年）的時候，新造輪船十九艘，包括木殼、鐵殼兩種，其馬力、品質等均較過去有所提高。

一八六七年（同治六年），陝甘總督左宗棠在西安籌建西安機器局，主要生產洋槍、銅帽和開花砲彈等；同年，三口通商大臣崇厚在天津創辦「天津軍火機器局」，也稱「天津機器製造局」，一八七〇年（同治九年）天津教案後，改由李鴻章接辦，擴充人員，增添設備，成為中國北方最大的兵工廠；一八九三年（光緒十九年）又新建一座煉鋼廠，從英國買進全套設備，可鑄造六英寸小鋼砲，後改稱「北洋機器製造局」。

左宗棠是晚清洋務派代表人物之一，曾率軍征討中亞浩罕的軍事頭目阿古柏，收復了新疆全境。

「平遠」號快船。它是馬尾船政局製造的噸位最大、裝甲最厚的戰列艦。

金陵機器製造局鑄造的火砲，這一型俗稱西瓜大砲。

江南機器製造總局是當時東亞最大的兵工廠

一八九一年江南製造局煉出中國第一爐鋼時所用的十五噸鋼爐

位於上海外灘九號的輪船招商局大樓

幾年之間，中國的近代軍事工業體系已基本建成，火槍、大砲、彈藥、蒸汽戰艦都已能夠在國內建造。而軍事學堂的開設也為當時中國培養了優秀的軍事人才。

在興辦軍事工業的同時，洋務派也創建了一批民用工業，其中尤以李鴻章於一八七二年（同治十一年）在上海所開辦的輪船招商局最為突出。李鴻章曾說：「我之造船，本無馳騁域外之意，不過守疆土、保和局而已。」不過，這些民用工業不僅為軍工提供了必要的資金支持，也為中國近代民族工業的發展打下了堅實的經濟基礎。

與此同時，中國在兩次鴉片戰爭中的失利，顯然也使日本看到了改革軍事的緊迫性。為了不重蹈中國的覆轍，富國強兵自然也就成了日本最迫切的任務。與當時清朝的做法不同，此時的日本雖然也在軍工企業上頗費心思，但對於日本的維新者來說，比技術更重要的還是整個軍事制度的改革。一八七一年，日本政府發布建軍法令，由原薩摩、長州、土佐三藩的部隊中選出萬人，建立「御親兵」。一八七二年頒布《徵兵詔書》。一八七三年頒布《徵兵令》，著手建立常備軍，到一八九〇年，日本陸軍已擁有現役兵五萬三千人，預備役二十五萬六千人，以後的擴軍更加迅速。同時，海軍也逐漸強大。

一個時代的縮影

再一次地，一水之隔的兩個國家幾乎同時走上了改革軍事的道路。而一八九四年（光緒二十年）的甲午戰爭則成為檢驗兩國變革成果的戰場。慘烈的戰爭，殘酷的結果，最終，清朝三十年的洋務運動就這樣變成了一場泡影，而日本則由此而走上了軍事擴張的道路。

每一次的學習也許總要付出代價，只是這一次的代價太沉重了。當中國軍人在黃海海面上撞向「吉野」號的時候，那幾乎就是一個古老國度發出的最後的吶喊。

美國普林斯頓大學歷史教授

李鴻章一八九八年訪問英國時的留影

馬里烏斯・詹森（Marius Berthus Jansen）在回首那一段歷史的時候曾這樣寫道：「對日本人來說，中國人從有頭腦的、內省的和充斥於德川時代藝術家繪畫中的聖賢，一變而為一八九五年印刷商們所描述的在近代日本軍隊面前倉皇逃跑的烏合之眾。這樣他們就成了笨拙而忸怩的學生，在二十世紀初的東京街頭上，往往因其髮辮和衣著而受到頑童們的嘲罵。在中國人眼中，人們記憶中一度曾打破明末安寧的東洋矮子作為近代化的鄰邦又捲土重來，並且答應把中國人帶入光明的未來新世界，但事實卻證明在這個未來世界中有一個新的亞洲帝國主義。」

這是十九世紀下半葉一水之隔的鄰邦，一邊是從聖賢到烏合之眾，而另一邊則崛起為亞洲帝國主義，一條學習西方的道路，兩種不同的歸宿，這，幾乎成為一個時代的縮影。

在知識的岸邊
《化學鑒原》與元素周期律

西元一八六九年
清同治八年

發現迭出的年代常常也是不同文化之間交流最活躍的年代，而十九世紀中葉正是這樣一個時代。當東方與西方邂逅，當智慧與智慧撞擊，中西科學文化交流史上也因此寫下最令人難以忘懷的一筆：外國傳教士紛紛進入中國，在傳教的同時也將西方的科學知識帶進中國，而中國的知識分子們也在汲取著來自不同文化背景的知識。《化學鑒原》的翻譯正是這一時期的代表性事件。

一八六九年，徐壽與傅蘭雅等人合譯的《化學鑒原》完成譯稿，這是晚清中國譯介的第一部比較系統的西方化學著作，在國內風行了三四十年。魯迅曾在《准風月談．重三感舊》中寫道，在光緒朝末，「便是三四十歲的中年人，也看《學算筆談》，看《化學鑒原》，還要學英文，學日文，硬著舌頭，怪聲怪氣的朗誦著，對人毫無愧色，那目的是要看『洋書』，看洋書的緣故是要給中國圖『富強』」。該書影響之大，於此可見一斑。

也是在一八六九年，人類歷史上第一張元素周期表，在俄國化學家門捷列夫（Dmitri Ivanovich

Mendeleev）手中誕生了。正當中國人剛剛開始學習西方的化學知識時，化學史上的一場新革命已經掀開了帷幕。

從利瑪竇到湯若望

對人類來說，十六到十七世紀永遠充滿了驚喜。新發現隨時隨處都有可能發生，人類張大了好奇的眼睛打量著這個與往昔不同的世界。一五四三年，哥白尼（Nicolaus Copernicus）發表《天體運行論》（*De Revolutionibus Orbium Coelestium*），以日心說揭開了科學革命的序幕；百餘年後的一六八七年，牛頓發表《自然哲學的數學原理》，闡述了經典力學理論。科學革命就這樣發生了，但是遠未完成，在隨後的日子裡，人類一次次體驗著發現的喜悅。

幾乎就在同時，還有一些人則為了不同的信仰而奔走。儘管他們是為了傳播他們的信念而將科學作為敲門磚，但最終卻為西學東漸做出了他們的貢獻，他們就是從外國來華的耶穌會教士。

這些早期耶穌會士大多具有較高的文化素質。按照該會的規定，每個成員都必須通過不少於十四年的系統訓練——除神學之外，還要選學各種自然科學知識。由於面對的是一種完全陌生的文化，早期來華的耶穌會士奉行的是一種靈活的傳教策略，而這在利瑪竇的傳教經歷中顯得尤為突出。

利瑪竇是義大利人，後來加入耶穌會往印度傳教的教團。一五八二年（明萬曆十年），利瑪竇受命赴中國傳教。他首先來到葡萄牙在中國的根據地澳門，不久取道廣州進入肇慶，居留傳教。為了打開局面，利瑪竇學漢語，著儒服，結交名士，並以淵博的學識博得了他們的尊重。他攜帶來的一些新型科學儀器，也博得不少官員的歡心，因而逐漸爭取到了一部分上層人物對他的支持。

一六○○年（萬曆二十八年），利瑪竇以向皇帝獻禮為名，起程前往北京，受到萬曆皇帝的接待，並獲准在北京傳教。就是在一六○○年，徐光啟在進京趕考途中於南京初會利瑪竇。一六○三年（萬曆三十一年），徐光啟在南京接受洗禮，成為天主教徒。次年四月中進士之後，徐光啟與利瑪竇過從甚密。一六○六年（萬曆三十四年）九月開始，徐光啟與利瑪竇合作，於次年五月譯完克拉維烏斯（Christopher Clavius）神甫選編的《幾何原本》（*Elements*）前六卷。

由於得到朝廷中傾向於新學的大臣徐光啟、楊廷筠、李之藻等的支持，利瑪竇的傳教活動在不長的時間裡即得到很大進展。後來，他又與徐光啟合譯《測量法義》，與李之藻合譯《渾蓋通憲圖說》、《同文算指》等書，給當時的中國人帶來了許多新思想。一六一○年（萬曆三十八年），利瑪竇在北京逝世，此時中國入教者已達到二千五百餘人。

利瑪竇之死並沒有停止傳教士們傳教的步伐，他們紛紛追隨著他的腳印來到了這塊神祕的土地，湯若望就是其中最著名的人物。一五九二年，他出生在德國一個貴族家庭，一六一九年（萬曆四十七年）作為傳教士來到中國，一六二三年一月二十五日（天啟二年十二月二十五日）到北京。在明末清初，湯若望始終在朝廷中享有頗高的聲望。一六四四年十二月二十三日（清順治元年十一月二十五日），他還被清廷任命為欽天監監正——由一個外國人來主持中國的曆法，這在中國歷史上是破天荒之舉。

利瑪竇與徐光啓

身著儒服的利瑪竇

一幅反映利瑪竇、湯若望、南懷仁（從左到右）在中國的科學活動的畫作

經過利瑪竇和湯若望等人的努力，到十七世紀的時候，耶穌會士在華傳教活動已經有了相當大的發展。但一七〇六年（康熙四十五年），一場傳教士內部發生的激烈爭論卻促使康熙皇帝下令對傳教士活動加以限制。而雍正皇帝於一七二四年（雍正二年）批准發布的禁教令，則成為耶穌會傳教士在這一時期傳教活動的終結。

叩開一扇窗

百餘年後，隨著清朝的日漸衰落與耶穌會內部的變遷，一場新的傳教高潮又重新在中華大地掀起。堅船利砲打開了中國的大門，伴隨著賠款、割地、開放口岸，同時開放的還有傳教權。禁絕百餘年的傳教士又回到了中國。

在經歷了漫長的海禁之後，耶穌會士們期望如他們的前輩那樣以科學和教育間接傳教，再續他們在十七、十八世紀的業績。但是時過境遷，此時的中國已非彼時，耶穌會士們發現，他們將要走的路不再像他們前輩曾走過的那般艱辛。

不過，雖然文化學術已不再是傳教所必需的途徑，但是外國傳教士紛紛進入中國，仍然將許多西方的科學知識帶進了中國。當時中國的一批先進知識分子們，看到了西方文化的優勢，他們想盡一切方法，汲取著來自不同文化背景的知識。在當時中西科學文化交流史上，留下了李善蘭、華蘅芳、徐壽等一長串的名字。正是通過他們的努力，《化學鑒原》、《化學初階》、《地學淺釋》、

《代數學》、《微積溯源》、《談天》等被引入中國。這些書籍成為那個時代許多中國知識分子學習西方科學技術知識的最初的讀本，成為中國人望向世界的新窗口。

引進西學的「翻譯館」

在十九世紀晚期西學東漸、啟發民智的過程中，有一個機構發揮了基礎性作用，這就是江南製造局翻譯館——近代中國第一個由政府創辦的西書翻譯機構。

當時，洋務運動正在曾國藩、李鴻章等一批洋務派人物的推動下不斷開展，除了引進西方的新式武器和機器之外，西學更成為許多知識分子所關心的學問，著名化學家、製造專家徐壽就是這些人中的一個。徐壽在從事洋務製造事業的實踐中，深刻認識到中西科技水準的懸殊差距以及中國對西方科技知識的急迫需求，感受到了介紹和引進西方科技知識的必要性，於是，他抓住一切機會，向曾國藩等人進行游說。

一八六八年六月十五日（同治七年閏四月二十五日），經過徐壽等人的不斷努力，江南製造局翻譯館正式成立。徐壽擔任翻譯館的「提調」，總管譯書事務，並親自參加譯書工作。後來參加譯書的人員屢經更替，流動不定，但徐壽直至一八八四年（光緒十年）逝世，一直專心致力於這項工作，沒有離開過翻譯館。

從成立那一天起，翻譯館就開始明確了它的主要工作——大規模引進翻譯西方科技書籍。在近

清末著名科學家、兵工學家徐建寅。他與父親徐壽都是傳播西方進步文化、翻譯和引進西方先進科學技術的先驅。

清末著名數學家李善蘭。他翻譯了《幾何原本》後九卷和《自然哲學的數學原理》等重要著作。

江南製造局翻譯館內景。圖中左起為徐建寅、華蘅芳、徐壽。

四十年時間裡，翻譯館為近代中國帶來了一大批西方先進的應用技術和自然科學新成果，促進了中國近代科技的發展，也對思想界產生了極大的影響。

不要以為當時的翻譯和現在差不多。由於當時的中國人還沒有條件系統學習掌握外國文字和科學知識，翻譯館的譯書沿用了明末清初以來翻譯西書的老辦法——即口譯和筆述相結合，以外國人口譯、中國人筆錄的方式來翻譯圖書。也就是說，首先由一名外國人把書的大意一句句口述出來，然後由中文譯者對其內容進行整理、校訂等。因此，翻譯一本書，是一場異常辛苦與繁難的工程。為此，翻譯館聘請了英國人傅蘭雅為主要口譯人，此外還有英國人偉烈亞力、秀耀春（Francis Huberty James）、羅亨利（Henry Brougham Loch），美國人林樂知、金楷理、瑪高溫、衛理（Edward Thomas Williams），日本人藤田豐八等參加翻譯工作。而參加譯書的中國人，則有徐壽、華蘅芳、李鳳苞、趙元益等。

值得稱道的「化學善本」

由於建館的目的主要是「翻譯格致、化學、製造各書」，因此翻譯館翻譯的圖書，除歷史、政治、兵制等三十餘種屬於文科類之外，其他均為工、農、礦、商、算、理、化、電、光、聲、天、地等科學技術著作。

作為化學家，徐壽對自己的本行自然尤其重視，在翻譯館設立之初，他就計畫翻譯化學書。從一八六八年開始，他與傅蘭雅合作，由傅蘭雅口譯，他筆述翻譯了一系列化學著作。《化學鑒原》便是其中之一，它也是徐壽所編譯的十三部科技圖書中最為人稱道的一部。

《化學鑒原》是根據美國科學著作家、經濟學家韋而司（David Ames Wells）所寫的《韋而司的化學原理與應用》（*Wells's Principles and Applications of Chemistry*）一書中的無機化學部分翻譯而成的。原書出版於一八五八年，是美國南北戰爭前後很流行的課本。《化學鑒原》一書於一八六九年（同治八年）譯完，一八七一年（同治十年）作為翻譯館的第一批譯書刊印問世。

《化學鑒原》共六卷，總計四百一十節，論述了當時化學的基本概念和理論（如元素理論、化合作用、化學變化以及定比定律、物質不滅定律等）。全書把物質分為元素和化合物兩大類，並以當時已知的六十四種元素為線索，介紹了它們重要的化合物。每一元素一般都介紹存在、製法、性質、用途、主要化合物等幾個方面。

非常有意思的是，正當徐壽和傅蘭雅正在緊鑼密鼓地翻譯《化學鑒原》之時，遠在廣州博濟醫院的美國醫師嘉約翰（

《化學鑒原》的口譯人傅蘭雅

John Glasgow Kerr）和中國學者何了然，居然根據同一部原著，翻譯而成了另一本書，名為《化學初階》。而且，作為中國最早的兩部系統介紹無機化學知識的漢譯書，《化學初階》和《化學鑒原》幾乎同時刊印。

兩相對比的話，《化學初階》譯文比較簡略，而《化學鑒原》內容更為豐富，譯文也比較流暢，所以受到了時人的廣泛好評，被譽為「化學善本」。中國近代著名學者梁啟超在〈讀西學書法〉中，也高度評價了《化學鑒原》，認為該書是「譯出之化學書最有條理者」。

落地生根的洋名詞

在《化學鑒原》一書的諸多成就中，最為人稱道的莫過於徐壽等人確定的化學名詞漢譯。徐壽等人清楚地意識到，由於化學專門著作的漢譯在當時尚屬初次，許多元素與化學概念在漢語中都沒有相應的辭彙表達，因此要翻譯好這本書，首先必須擬定一套元素與化學概念的漢譯名。於是，他們為此做了充分的準備工作。在《化學鑒原》該書第一卷中，徐壽專門添加了「華字命名」一節，闡述元素與化合物的命名方案。

《化學鑒原》述及的化學元素有六十四個。在此之前，大部分化學元素在漢字裡並沒有現成的名稱。徐壽等人首創了以元素英文名稱的第一音節（或次音）音譯為漢字，再加偏旁以區別元素的造字法，巧妙地將元素名稱譯為漢字。他們據此新造的漢字元素名稱，如鈣、鈹、鋰、鈉、鎳、錳

華名	西號	分劑	西名
炭	C.	六	Carbon.
鉀	K.	三九二	Kalium.
鈉	Na.	二三	Natrium.
鋰	Li.	六九	Lithium.
鏭	Cs.	一三三	Caesium.
鋤	Rb.	八五三	Rubidium.
鋇	Ba.	六八五	Barium.
鎴	Sr	四三八	Strontium.
鈣	Ca.	二〇	Calcium.
鎂	Mg.	一二二	Magnesium.
鋁	Al.	一三七	Aluminium.
鋊	G.	六九	Glucinum.
鋯	Zr.	二二四	Zirconium.

《化學鑒原》中的元素名稱漢譯表

、鈷、鋅、鈣、鎂等，十分合乎漢字習慣，幾乎看不出是新造的漢字。至於化合物的譯名，徐壽等人除了對一些特別常見的化合物採用意譯外，一般都根據其化學式進行翻譯，「連書原質之名」，比如硫酸銅（$CuSO_4$）的中文譯名就叫「銅養硫養三」。

他們的這一元素譯名原則受到了普遍的認同。嘉約翰、何了然了解到他們的譯名後，就在翻譯《化學初階》時採用了徐壽等人所擬的一些譯名。從此，中國有了一套自己的系統的化學元素名稱。徐壽首創的以西文第一音節造字的原則，也被後世的中國化學界所接受，一直沿用下來。《化學鑒原》中所譯五十個元素漢名中，有三十六個一直沿用至今。

愛擺弄卡片的化學家

正當徐壽為那些來自西方的化學名詞尋找著合適譯法的時候，在俄國，有一位化學家則正在為揭示那些化學元素之間的祕密而絞盡腦汁。

門捷列夫一八三四年二月七日生於俄國西伯利亞的托博爾斯克市（Tobolsk），一八五七年成為聖彼得堡大學化學教研室副教授，此時的他不過二十三歲。

那差不多是化學這門學問發展的黃金時代，新元素不斷被發現，自然不斷向化學家們展示它們神祕的容顏，還是在學校讀書時，一位化學老師便向學生們介紹了英國科學家道爾頓（John Dalton）始創的新原子論。元素、原子，這些新鮮的名詞深深地吸引了年輕的門捷列夫。

早在一七八九年，拉瓦錫（Antoine-Laurent de Lavoisier）就在《化學大綱》（*Traité Élémentaire de Chimie*）中發表了人類歷史上第一張元素表，將當時已知的三十三種元素分成四類。此後，德貝萊納（Johann Wolfgang Döbereiner）、培頓科弗（Max Joseph von Pettenkofer）、尚古多（Alexandre-Émile Béguyer de Chancourtois）、歐德林（William Odling）等人也對元素的規律做出了各自的發現，不過，直到十九世紀六〇年代，邁爾（Julius Lothar Meyer）和紐蘭茲（John Alexander Reina Newlands）等人才終於在這一領域取得了突破性的進展。一八六五年，英國化學家紐蘭茲在進行化學元素的分類研究中發現，當元素按原子量遞增的順序排列起來時，每隔八個元素，元素的物理性質和化學性質就會重複出現。由此他將各種元素按著原子量遞增的順序排列起來，形成了若干族系的周期。這一規律被它的發現者喚作「八音律」（Law of octavds），不過在當時，它並沒有引起科學界的反應。

門捷列夫便是在此時闖進了這個有著無盡吸引力的新領域。當時，這位年輕的教師正在編寫一

元素周期律的提出者、俄國化學家門捷列夫

一八六〇年前後，正在擔任聖彼得堡大學副教授的門捷列夫。

一幅關於門捷列夫和他的元素周期律的漫畫

部普通化學教科書《化學原理》（*The Principles of Chemistry*）。以怎樣一種合乎邏輯的方式來組織當時已知的六十三種元素，這個問題讓他很有些頭疼。於是，門捷列夫將六十三種化學元素的名稱及其原子量、氧化物、物理性質、化學性質等，分別寫在卡片上，然後變換各種方法重新排列那些卡片。不僅如此，他還走出實驗室去收集更多資料，重新測量了一些元素的原子量等資料。這樣的努力終於在一八六九年三月取得了突破性進展。

元素周期表的誕生

一八六九年三月一日。這一天，門捷列夫和往常一樣對著這些卡片苦苦思索。他先把常見的元素族按照原子量遞增的順序拼在一起，之後是那些不常見的元素，最後只剩下稀土元素沒有全部「入座」，門捷列夫無奈地將它放在邊上。從頭至尾看了一遍排出的「牌陣」之後，門捷列夫驚喜地發現，所有的已知元素都已按原子量遞增的順序排列起來，並且相似元素依一定的間隔出現。

第二天，門捷列夫將所得出的結果製成一張表，這是人類歷史上第一張化學元素周期表。在這個表中，周期是縱行，族是橫行。在門捷列夫編製的周期表中，還留有很多空格，門捷列夫認為，這些空格應由尚未發現的元素來填滿。他從理論上計算出這些尚未發現的元素的最重要性質，斷定它們的性質介於鄰近元素之間。例如，在鋅與砷之間的兩個空格中，他預言這兩個未知元素的性質分別為類鋁和類矽。

一八七五年，一位名叫布瓦博多朗（Paul Émile Lecoq de Boisbaudran）的法國化學家在分析閃鋅礦時發現了一種新元素，他把它命名為鎵，並且公布了這種元素的主要性質。在這之後不久，他收到了門捷列夫的來信，信中說鎵的比重不應該是四・七，而是五・九～六・〇。讀完這封信，布瓦博多朗頗感疑惑，他知道只有他自己手裡掌握有金屬鎵，既是如此，這位遠方的同行又如何能知道它的比重呢？不過，為了保險起見，他還是重新進行了測定。結果發現，鎵的比重的確是五・九。原來，鎵正是門捷列夫所預言的類鋁。布瓦博多朗在認真閱讀了門捷列夫的論文後，發出了由衷的感歎：「我無話可說，事實證明門捷列夫這一理論的巨大意義。」

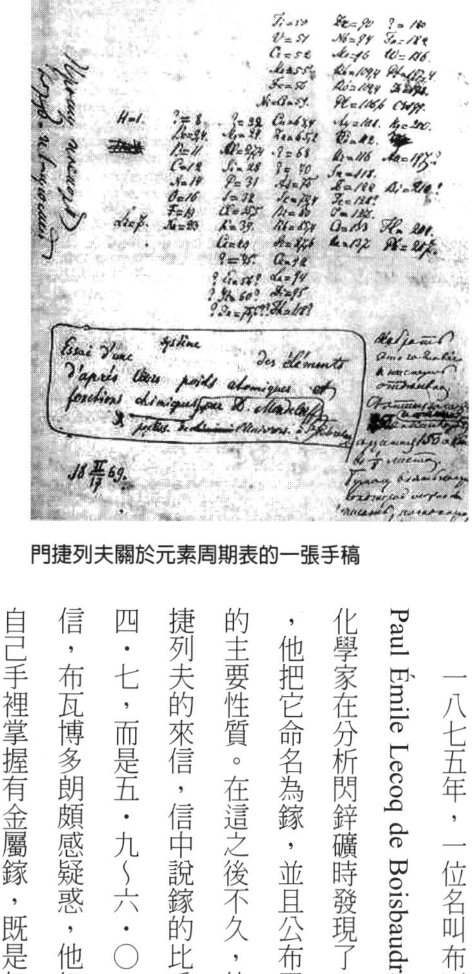

門捷列夫關於元素周期表的一張手稿

恩格斯（Friedrich Von Engels）在《自然辯證法》（*Dialectics of Nature*）一書中曾經指出：「門捷列夫不自覺地應用黑格爾（Georg Wilhelm Friedrich Hegel）的量轉化為質的規律，完成了科學上的一個勳業，這個勳業可以和勒維烈（Le Verrier, Urbain Jean Joseph）計算尚未知道的行星海王星的軌道的勳業居於同等地位。」

元素周期律的發現僅僅是那個充滿了發現和驚奇的時代的一個片段。在此前後出現的一大批科學發現，即將或者已然改變人類打量世界的眼光。這是一次劃時代的變革，吸引著世界上那些最聰明的大腦參與其中。而在世界東方的這個古老帝國，缺少的不是聰明的大腦，當時的落後大概更多地要歸因於消息的閉塞。儘管有傳教士帶來的新知，儘管有一批有識之士望出國門的眼光，但是在那個發現迭出的年代，這些卻是遠遠不夠的。而就在我們站在岸邊聽海觀潮之時，一場知識領域的競爭已是如火如荼了。

一海之隔的距離有多遠
中日兩國的留學之路

西元一八七二年
清同治十一年

一八七二年（同治十一年），對於還不知「花旗國」為何意的中國人來說，那群孩子們的出國留洋是如此不可思議。也許正是因為這個緣故，短短九年後，這些正在如飢似渴地學習西方文化的學子，就在保守勢力一片「離經叛道」的指責聲中黯然回國。他們就是中國最早的官派留學生——「留美幼童」。

此時，在一海之隔的日本，則是另一番景象。當時，正處在明治維新時期的日本執行的是一條文明開化政策，引進西歐的近代思想，開展啟蒙運動。同樣是在一八七二年，日本頒布教育改革法令《學制令》，建立了完整的近代教育制度，並加緊大量派遣留學生出洋學習。就在前一年，根據新學制選拔出來的士族子弟五十九人，就和以岩倉具視為首的日本赴歐美考察團一起，乘「美利堅」號（*America*）輪船從橫濱出航，踏上了留學之路。值得一提的是，其中還有五名女留學生，包括當時年僅七歲的津田梅子，她是所有留學生當中年紀最小的一個。

同樣是官派留學，同樣是幼童，但是，他們的結局卻大相徑庭。

爲圓一個夢

出洋留學，這在今天來說已經是太普通的事。通過考托福（TOEFL）、考GRE或是申請公費資助的方式邁出國門，早已成為許多當代中國年輕人的理想。

或者，我們還可以讓時光倒流五百多年——一四九六年，當波蘭人哥白尼來到義大利北部名城波隆那（Bologna）留學時，波蘭人到這座城市求學已經至少有三百年的歷史了。在哥白尼生活的時期，到義大利留學已成為波蘭很常見的現象。許多經濟上寬裕的波蘭人，都會越過阿爾卑斯山到義大利求學深造。當然，其中也有一些人是出於好奇心，想看看外面的世界，因而來到義大利旅行的。無論是出於何種原因而到國外去，這些留學回國人員都會像播種者一樣，將義大利學術的精髓帶回波蘭，不僅如此，還將關於外面的世界的消息帶回了波蘭。也就在這一過程中，人文主義思想一點點地蔓延。

然而，對於十九世紀七〇年代的中國人來說，留學的路卻走得如此漫長和艱難。

具甘結人詹興洪，今與具甘結事：茲有子天佑，情願送赴憲局帶往花旗國肄業，學習機藝回來之日，聽從中國差遣，不得在外國逗留生理，倘有疾病生死，各安天命，此結是實。

童男詹天佑，年十二歲，身中面圓白，徽州府婺源縣人氏。曾祖文賢，祖世鸞，父興洪。

同治十一年三月十五日

詹興洪親筆畫押

這是一份簽署於一八七二年四月二十二日的「出洋自願書」，在今天看來，它更像是一份生死狀。在許多中國人甚至還不知道「花旗國」的年代，那一群小小的留學生們已經踏上異國的土地。遠離父母，在一個完全陌生的地方求學，而他們的生死亦交託給了大清帝國。他們就是中國最早的官派留學生。

大清國官派留學之得以實現，來自像曾國藩、李鴻章等一批官員對學習國外的渴望，更來自一個人的努力和堅持。此人名喚容閎，中國最早的留美學生。他於一八五〇年（道光三十年）進入耶魯大學，並在那裡完成了學業，成為第一位畢業於耶魯大學的中國人。出洋的經歷開闊了容閎的視野，也在這位年輕人心底悄悄種下了一顆夢想的種子。多年以後，容閎曾回憶說：「在大學的最後一年，我已經初步想好了我將做什麼。我堅信下一代的中國青年應當能有機會受到我所受到過的教育，而通過西方的教育，中國或許可以再生，變得文明而強大。這一目標的實現已經為我一生事業的雄心之所在。」

一八五四年（咸豐四年）十一月，容閎學成回國。他在協助曾國藩、李鴻章等人辦洋務時，提出了「由政府選派穎秀青年，送之出洋留學」的計畫，並最終得到了他們的支持。一八七一年八月十八日（同治十年七月初三），曾國藩、李鴻章聯名向皇帝上了一道具有深遠意義的奏章，提出在滬、甬、閩、粵等地挑選幼童，經過考試選拔後，派往美國留學。

九月二十二日（陰曆八月初八），慈禧皇太后批覆：「依議。欽此。」這四個字，圓了容閎多年的夢想。

清廷的「公派留學」計畫是：訪選各省聰穎幼童，每年三十名，四年共一百二十名，分批搭船赴洋，十五年後，按年分批回國效力。在此期間，政府負責全部開銷，學成後聽候總理衙門量才使用。為此，朝廷專門成立了「總理幼童出洋肄業滬局」，還在美國同時成立「選帶幼童出洋肄業局」，以確保幼童能在美國受到良好的教育。「出洋肄業局」設委員兩人——陳蘭彬和容閎。陳蘭彬是翰林出身，他的職責是負責學生在美國期間繼續他們的中文知識的學習。而容閎的職責是照管幼童的國外教育，並為他們安置適宜的住所。

容閎後來在《西學東漸記》中曾對此回憶道：「中國教育工程至此成為一個真真切切的歷史事實，這在中國編年史上開創了一個新紀元。」

萬里投荒赴花旗

一八五四年，容閎獲美國耶魯大學學士學位時的照片。

第一批赴美留學幼童詹天佑（左）與潘銘鐘（右）的合影

設在美國康乃狄克州哈特福德（Hartford）的中國留學生事務所（出洋肄業局）大廈

既是新紀元，開創之初總會有許多磨難，只是此中曲折，是當事人並不曾意料到的。

一八七一年，一所能容納一百名學生的學校——留美學生預備學校在上海成立。學生須經考試入學，各學生之學費、食宿和零用完全由政府供給。次年開始招收幼童，招生條件十分嚴格：必須年齡在十到十五歲之間，身家清白，品貌端正，稟賦厚實，素質明敏者方可入選。身體羸弱及有疾者概不收錄。

出洋留學的消息並沒有引來太多的報名者，當時，出洋如同探險，生死難料。報名的人遠不如今天這樣踴躍，招生頗為不易。據當年的留美幼童李恩富回憶，「當時幾乎沒有哪家的父母願意把自己的兒子送到一個遠得他們根本就不知道在什麼地方的國家，而且時間是如此之長。更主要的是，那個國家據傳說住的是一些尚未開化的野蠻人。」

內地招生不足，容閎只好到開化較早、得風氣之先的沿海一帶去招。從幼童們的籍貫來看，一百二十名幼童中，來自廣東的有八十二人，占總數的百分之六十八；在這八十二人中，有三十九人來自香山縣，而這裡正是容閎的故鄉。

第一次考試於一八七二年夏天舉行，通過者隨後即被派往美國。一八七二年八月十一日（同治十一年七月初八），三十名穿著長袍馬褂、拖著辮子的中國男孩子在上海港登上一艘郵船，遠渡重洋去美國留學。這個小留學生的隊伍由陳蘭彬率領，隨行的有兩位中文教習葉緒東、容元甫以及翻譯曾來順。容閎本人則早在一個月前先期赴美做準備工作，為學生安排接待家庭，以便他們抵達美國後能受到家庭般的關心和愛護。

一八七二年八月十一日，經清政府批准，在陳蘭彬等人的率領下，中國第一批留學生梁敦彥、詹天佑等三十人從上海起程，前往美國開始留學生涯。圖為留美幼童在輪船招商總局門前合影。

部分留學生在三藩市上岸後的合影，攝於一八七二年。

孩子們就這樣一路風塵地來到了這個陌生的國度。曾與這些孩子們有過同船赴美經歷的美國傳教士何天爵在他的《真正的中國佬》（*The Real Chinaman*）一書中這樣寫道：

按照西方當代人的眼光來判斷，僅從清朝政府選派到美國來接受教育的學童的表現上，便能令人吃驚地證明那個東方的大民族具有高度的智慧，是一個非常善於思考的民族。……我曾與那些學生中的五十一名同乘一艘客船跨越太平洋，與他們一起度過了難忘的二十五天。當時那些學生們包乘的客艙十分擁擠，條件很差。我相信，如果讓同等數量的美國青年學生也處在與他們的中國同學相同的惡劣環境之下，他們絕對不可能堅持那樣長時間的煎熬。然而中國學生不僅能夠做得到，同時還表現出相當的紳士風度。

對於這些孩子們來說，即將展開的生活儘管會有異地思鄉的苦澀，但更為他們敞開了一扇通往新世界的大門。每一天都是新的一天，每一步都像是第一步，在這種不同於他們父兄所受教育的氛圍中，孩子們不僅努力學習著西方的知識與文化，也迅速地成長起來。

在隨後的兩年時間裡，又有三批九十名幼童遠赴美國。與第一批幼童一樣，他們很快便融入到這種新文化之中。

當一八七六年世界博覽會在美國費城舉辦時，大清國官員李圭在會場偶遇這些留美幼童。他後來在著作《環遊地球新錄》中寫道：「諸童多在會院遊覽，於千萬人中言動自如，無畏怯態。裝束若西人，而外罩短褂，仍近華式。見圭等甚親近，吐屬有外洋風派。幼小者與女師偕行，師指物與觀，頗能對答。親愛之情，幾同母子。」當李圭問他們參觀世博會對他們有何益處時，幼童回答：「集大地之物，任人觀覽，增長識見。那些新機器、好技術，可以仿行……」僅僅幾年工夫，幼童的話語間已頗顯成熟。

中國幼童在美國的學習成績也是有目共睹，他們「繪畫、地圖、演算法、人物、花木，皆有規格」，「洋文數頁，西人閱之，皆嘖嘖稱讚」。到一八八〇年（光緒六年），多數小留學生已經中學畢業，許多人進入中專或其他職業學校學習，還有六十多人進入了哈佛大學、耶魯大學、哥倫比亞大學、麻省理工學院等美國著名學府。在這些大學的檔案館，至今還保存著他們的入學登記卡、照片和簡歷，甚至他們贈給同學的紀念冊。

興國必先興教

就在大清國開始執行留美幼童計畫時，在一海之隔的日本，留學也已成為學習西方的一個重要途徑。

派留學生出洋，日本比中國早了十年。早在明治維新之前的一八六一年，幕府即派人到荷蘭學習海軍。明治維新後，日本出洋留學的人數更是呈直線上升。

在中國第一批幼童出洋的前一年，一八七一年，日本派出以大臣岩倉具視為首的政府代表團，用近一年的時間，訪問世界各國，學習歐美先進制度。與他們一同出國的，就有五十九位留學生，其中甚至有五名女孩。出發前，明治天皇還親自接見了七歲的津田梅子，對她慰勉有加。日後，津田梅子成了日本第一所私立女子高等教育機構「女子英學塾」的創辦者，開了日本女子高等教育的先河。

短短幾年間，日本留學生的數量從一八六九年的五十人、一八七〇年的一百五十人，很快攀升到一八七三年的上千人。而到此時，中國才只向美國派遣了兩批幼童，共六十人。

在當時，興國必先興教，這種認識已經成為了日本全國上下的普遍共識。於是，在大量派遣留學生出洋學習的同時，日本還大力把美國的教育制度整體移植到日本。

巧合的是，日本駐美國公使森有禮在美國請教的人，就是幫助容閎安排中國幼童的康乃狄克州教育局局長諾索布（Birdsey Grant Northrop）。諾索布寫信給包括若干著名大學校長在內的教育專家，蒐集教育制度的資料，這些資料由森有禮翻譯成日文，以《文學興國策》為名，經天皇詔准頒布，在全日本實行。

一八七二年，日本正式頒布近代第一個教育改革法令《學制令》，對各級學校教育和全國的教育行政管理做了明確規定。小學作為初等教育，成為強制性教育。學校向一切人開放，講授以西方新知識為基礎的實際學科。

在日本的教育改革中，師範教育尤其引人注目。一八七一年，日本文部省成立不久即創辦了東京師範學校，在千方百計從美國請來師範學校教師的同時，也引進了各種新的教學方法、教材和教學設備。而次年頒布的《學制令》更是將設立師範學校放在僅次於建立小學的重要地位。師範學校

為日本教育事業發展做出重大貢獻的駐美國公使森有禮

津田梅子是日本第一個接受近代高等教育的女子。圖為一八九〇年她在美國七大著名女校之一的布林莫爾學院（Bryn Mawr College）的留影。

美國康州教育局局長諾索布。他不但幫助容閎安排中國幼童的就學及生活，還熱心地提供美國教育制度的資料給日使森有禮。

在為日本的教育改革培養了大量教師的同時，更成為宣傳現代教育的示範學校。

伴隨著近代教育制度在日本的逐步確立，這個小小的島國也創造了當時亞洲最高的就學率，而國民素質也在這種強制性教育推進的過程中得到大幅度提高。現代教育讓日本踏上了通往近代國家之路。

在傳統與西化之間

就在日本正在現代教育之路上大踏步前進之時，中國的留美幼童計畫卻在一片風雨飄搖中苦苦支撐。正當幼童們如飢似渴地吸收著異域的文化和文明時，意想不到的事情發生了。

一八七九年（光緒五年），經由陳蘭彬推薦，吳子登繼任出洋肄業局委員。吳子登是清朝翰林中最早能看懂英文的人，並曾在駐外公使館工作過兩年。美國報紙曾評價此人「屬於中國那些少數的，但正在增長的共和派」。可是，作為一名傳統士大夫，吳子登對留美幼童的態度卻與容閎等人截然不同。

在現存的留美幼童出國時的照片上，我們可以看到，他們身著長袍馬褂，頭戴瓜皮帽，腳穿白布襪，足蹬白底黑布鞋，腦後拖著一條辮子，一副標準的中國官僚士大夫正裝。可是，這些幼童到了美國不久，就很快適應了環境。他們大多數人都剪掉辮子，脫下長袍馬褂，穿起了西裝。

在中國，衣冠服飾一向被視為禮儀大節，是華夏文明中所謂「衣冠之治」傳統的體現。辮子和幾位「留美幼童」在一八七六年拍攝的照片，從中可以看出，經過短短的四年時間，在他們身上發生了多麼巨大的變化。

一八七八年，參加中國留學生棒球俱樂部的九位學生在出洋肄業局大廈前合影。他們組織了一支「東方人」（*Orientals*）棒球隊。

長袍馬褂，乃是堂堂天朝的標誌，豈能輕易變更？在吳子登看來，這決不僅僅是衣著的變化，而是一種離經叛道的表現，因為他們幾乎已經不再把自己當作「天朝大國」的臣民了。吳子登為此憂心忡忡，他在給朝廷的奏摺中，曾極言幼童在美國的種種危險：

> 學生在美國，專好學美國人為運動遊戲之事，讀書時少而遊戲時多。或且效尤美人，入各種祕密社會。此種社會有為宗教者，有為政治者，要皆有不正當之行為。坐是之故，學生絕無敬師之禮，對於新監督之訓言，若東風之故耳；又因習耶教科學，或入星期學校，故學生已多半入耶穌教。此等學生，若更令其久居美國，必至全失其愛國之心；他日縱能學成回國，非特無益於國家，而且有害於社會。

如此嚴厲的批評，絕非是危言聳聽，實代表著一股強大的反對勢力。它很快就在清廷得到了很多守舊派的支持。

其實，剪辮易服的事情並不僅僅發生在留美幼童身上。當時的日本留學生也幾乎都有過同樣的舉動。然而，我們卻沒有看到日本官方對留學生服裝和髮型有過任何的批評。這也許是，在當時的日本人看來，衣冠服飾只是作為一種習慣，完全不值得大驚小怪。何況，那時有那麼多重要的國內矛盾和國際問題需要儘快解決，誰還顧得上這件微不足道的小事呢？

然而，圍繞著幼童剪辮易服所展開的爭論，卻深深地影響了大清留美幼童的結局。這再一次證明，同樣是向西洋派遣留學生，中國所背負的傳統思想文化包袱遠比曾經接受過中國傳統思想文化影響的日本要沉重得多，因而向歐美學習的步履也就緩慢得多。在傳統和西化之間，中國人的抉擇十分艱難。

未能「結果」的「花」

一八八一年（光緒七年）初，吳子登藉口幼童「腹少儒書，德行未堅……實易沾其惡習」，建議清政府從速解散「選帶幼童出洋肄業局」，撤回全部留美幼童，並聲稱：「能早一日施行，即國家早獲一日之福。」

對此，容閎據理力爭，反駁吳子登的不實之辭。可是，作為出洋肄業局的宣導者，容閎從肄業局誕生之始便一直是副將，這從一定程度上反映了朝廷對他既信任又保留的態度，也無疑使他在爭論中處於下風。

正當吳子登與容閎在留學一事上分歧日甚之時，中美關係也出現了惡化，美國甚至出現了一股排華浪潮。按照留美幼童的培養計畫，不少留美幼童在高中畢業後應該進入美國的軍事院校學習。然而，美國政府並未應允清廷的這一要求，與此同時，卻接納了日本學生進入軍校學習。

就這樣，在保守派的攻擊與美國排華浪潮的兩面夾擊下，清政府做出了中止幼童留學的決定。容閎雖然百般努力，也未能挽救這場危機。一八八一年七月九日（陰曆六月十四日），他在一封寫給朋友的信中說：「肄業局結束了！」

一八八一年九月六日（陰曆閏七月十三日），對留美的中國幼童來說，是一個極為悲憤和憂傷的日子。清廷決定招回幼童，幼童們被迫中斷學業，全數「遣送回國」。其時，大多數人學而未成。六十多人中斷了在大學的學業，許多人還在中學學習。一百二十名幼童中，真正完成大學學業的只有詹天佑、歐陽庚兩人。

中國近代留學事業的第一次嘗試，就這樣夭折了。

彌年不得意。新歲又如何。念昔同遊者。而今有幾多。以閒為自在。將壽補蹉跎。春色無新故。幽居亦見過。

容閎面對留美幼童被全部遣返的現實，於一八八七年新年寫下此詩，以表達苦悶的心情。

起起落落之間

一八八一年，九十四名幼童們分三批離開美國。然而，當這些離家數載的孩子們重又踏上故國的土地時，他們看到的不是親人的笑臉，而是被看作「異類」，受到懷疑，甚至敵視。他們由士兵們押送到一所早已被廢棄了的年久失修的書院，居住在汙穢不堪的屋子裡，數天後被草草地隨意分配了工作。例如，學工程的詹天佑卻被派往廣州教英語。

一八八一年，部分留學生回國前在三藩市合影留念。

一九〇五年，已經長大成人的「留美幼童」重新歡聚。

匆匆作別的留美幼童們就這樣開始了他們在祖國的生活。那是一段令幼童們難忘的日子，也是這些黃皮膚黑眼睛的年輕人重新被故國接受的過程。在幼童們回國之初，他們所有人的月薪均為四兩銀子，僅相當於職員中做苦力的報酬——無論是大學畢業還是讀大學時獲獎者全無例外。而他們所面對的更大問題則是對其能力的懷疑。

然而，這批留美幼童畢竟已經禁受了西方文化的洗禮，無論眼光、見識還是能力，都堪稱出類拔萃。雖然經歷了種種磨難，但到二十世紀初，他們大多已經在自己所在的行業裡取得了相當可觀的成就，甚至成為舉足輕重的人物。

他們中間，有中國人自己主持修建的第一條鐵路的總設計師詹天佑，有清朝外務大臣梁敦彥，有中華民國第一任總理唐紹儀，有一九〇四年世博會中國館副監督黃開甲，還有甲午風雲和中法海戰中慷慨捐軀的將士……

可以說，幼童們的經歷正像當時中國社會的溫度計，在起起落落之間承載著那個時代的冷暖變遷，也用他們的經歷感染著與他們同時代乃至其後時代的中國人。畢業於耶魯大學的留美幼童容尚謙後來曾這樣寫道：「中國出洋肄業局的孩子，如同一粒鵝卵石，掉進了平靜的池塘，雖然沒有激起大的浪花，不過它畢竟向四周推出了陣陣漣漪，一直推到池塘的最邊遠處。幼童們沉入了中華民族的平靜的海洋中，在極令人沮喪的社會狀況下，憑著個人良好的行為和卓有成效的勤苦工作，他們在戰爭中所顯示出的愛國精神和無私無畏的獻出生命的悲壯舉動，已為國人做出了表率，而整個國家也已經意識到他們的這種作用。」

無奈之下的學習

甲午戰爭成為檢驗中日學習西方成果的一場生死攸關的考試。中國海軍在這場戰爭中的慘敗，也因此成為洋務運動失敗的重要標誌。而清政府對出洋留學的態度，也因這場戰爭而相應地發生了改變。

洋務派代表人物張之洞是強烈主張出洋留學者之一，在他看來，「出洋一年，勝於讀西書五年……入外國學堂一年，勝於中國學堂三年」。

由於甲午戰爭的勝利，日本的飛速發展引起了中國人的高度關注，日本也就成為中國人出洋學習現代制度的捷徑；同時，日本人已經從西方翻譯了所需要的大部分內容，由於他們的語言與中文相近，易被中國學生所掌握，所以到日本留學是中國當時的一種時尚。在二十世紀的最初十年中，中國學生赴日留學成為「世界史上最大規模的學生出洋運動之一」。無論從哪方面考察，在當時，中國學生留日遠遠超過了中國學生留學其他國家」。

一八九六年（光緒二十二年），第一批十三名學生來到日本。東京神田區有一所學校就是專門為他們辦的，而語言課便是他們留學日本的最初的課程。留學的生活單調而枯燥，生活條件也不是很好，僅僅幾週後便有四名學生休學。儘管如此，仍有七名學生最終完成了學業，成為第一批日本問題的專家。在一八九七年（光緒二十三年）德國入侵中國膠州灣事件之後，中國進一步加快了出中國鐵路建設的開拓者詹天佑。他是「留美幼童」中最傑出的代表之一。

晚清洋務派健將張之洞很注重教育，極力提倡出洋留學。

洋留學的進程。到一八九九年（光緒二十五年）的時候，在日本的留學生已經超過一百名。

短短數十年間，中國人對出洋留學的重視程度不斷提高。留學不但對一個人在官場的晉升有好處，而且最後居然成了晉升的關鍵性條件。這一態度轉變的一個直接後果就是，出洋留學的人數劇增。不過，出洋留學地位的最終確定，則有賴於官僚制度的變革：一九〇五年（光緒三十一年），在中國延續了多年的科舉制度壽終正寢，而出洋留學則取而代之，成為進入官場的基本條件。由此開始，中國終於踏上了「向西方學習」的漫漫長路。

教育，關乎國民素質，關乎國際競爭中的輸贏，這在今天早已成為大多數人的共識。如今，當我們回首百餘年前那條漫長而曲折的出洋留學之路，大概都會為它的艱難而由衷慨歎，但它又不僅僅是一場教育上的賽跑。而在百餘年前，無論對於中國還是日本來說，那幾乎就是一場生死較量。

蒸汽時代的艱難爬行

鐵路在中國的曲折命運

西元一八七六年
清光緒二年

十九世紀七〇年代，作為「五口通商」之一的上海，開埠已經數十年了。號稱「十里洋場」的外灘，高樓林立，華洋雜處，繁華異常。可是在鄰近長江口的吳淞鎮（今寶山區吳淞街道），卻還是一派寧靜的鄉村風光。

然而，這份寧靜卻注定不會持續得太久。吳淞鐵路在一八七六年夏天的開通讓這個小鎮的名字被永遠寫進了史冊。這是中國境內的第一條營業性鐵路，而它後來的命運卻是如此曲折，在今天的中國人看來，那幾乎是完全無法理解的。

風馳電掣的「火輪車」

大清光緒二年的夏天，吳淞鎮的鄉民目睹了這樣一件怪事：一連好幾天，他們都看到了一個頭上冒著濃濃的蒸汽、底下還有好多輪子的機器怪物，發出震天動地的長鳴，在兩條窄窄的軌道上鏗鏘鏗鏘地跑得飛快！

當時的中國人哪裡見過這樣的場景？他們或驚奇，或恐懼，或惶惑，不知道這個機器怪物將會給自己帶來怎樣的禍福，更無從知曉他們已經成為了重要歷史事件的見證人。

這個機器怪物叫「火輪車」，也就是我們現在所說的火車——蒸汽機車。這些鄉民們看到的，正是吳淞鐵路開通時的情景。這條鐵路是由英國怡和洋行（Jardine Matheson）以修普通馬路為名修建的，全長一四．五公里，在當年六月三十日（陰曆閏五月初九）正式通車，並舉行了慶祝酒會，當然，與會者均係英國人。鐵路於翌日招待當地人免費試乘。

與吳淞小鎮的鄉民共同見證這一歷史事件的還有當時中國最著名的報紙之一《申報》。在那一年的七月十日這一期上，該報載文寫道：

> 此處素稱僻靜，罕見過客，今忽有火車經過，即見煙氣直冒，而又見客車六輛，皆載以鮮衣華服之人，鄉民有不詫為奇觀乎？是以盡皆面對鐵路，停工而呆視也。或有老婦扶杖而張口延望者，或有少年荷鋤而癡立者，或有弱女子觀之而嬉笑者，至於小孩或懼怯而依於長老前者，僅見數處，則或牽牛驚看似做逃避之狀者，然究未有一人不面帶喜色也。

同年刊印的《滬遊雜記》也曾對此條鐵路做了詳盡細緻的描述：「西人買馬路一條，築為火輪車。路旁圍竹籬，中以五尺許方木橫排，相離二尺許，上釘鐵條二，連接不斷。車用四輪，輪邊中

十九世紀七〇年代的上海外灘

中國第一條鐵路——吳淞鐵路通車時擁擠的參觀人群

空外實，銜鐵條以行，不致旁越。火車一輛帶坐車八九輛，每輛約坐三十人。行時風馳電掣，瞬息往回，較輪舟尤速。」

這一年正是西元一八七六年，距離世界上第一條鐵路的出現，已經過去了整整半個世紀！

一個值得書寫的時刻

一八二五年九月二十七日，一列名叫「旅行」號（*Locomotion*）的蒸汽機車拖著三十多節車廂從英國達靈頓（Darlington）緩緩開出，載著四百五十名乘客，以每小時三十八公里左右的速度，一路駛到斯托克頓（Stockton）。這該是世界交通史上值得書寫的時刻，因為正是從這一天起，世界上有了鐵路運輸，從此，蒸汽機車成了十九世紀工業革命的象徵。

駕駛機車的人叫史蒂芬生（George Stephenson），一位蒸汽時代的明星。他雖然不是世界上最早研究蒸汽機車的人，但卻是最成功的一位。在他之前，早在一八〇二年左右，英國人理查・特里維席克（Richard Trevithick）就已經最先製造出了在軌道上行走的，用蒸汽機驅動的蒸汽機車，時速可達到五六公里，但是因為經常出事故而無法投入實際使用。後來，布倫金索浦（John Blenkinsop）和布倫頓（William Brunton）等人也進行過這方面的試驗和研究，都沒有取得成功。

喬治・史蒂芬生一七八一年六月九日出生在英國北部鄉村的一個煤礦工人家庭，因為生活貧困，他從小就失去了讀書的機會，十五歲那年隨父親來到煤礦，也成了一名礦工。史蒂芬生是位有心

世界上第一台實用的蒸汽機車「旅行」號

英國發明家兼鐵路工程師喬治・史蒂芬生

世界上第一條鐵路是斯托克頓－達靈頓鐵路，它於一八二五年九月二十七日正式通車。

的年輕人，他不僅認真觀察蒸汽機的結構和性能機制，並且掌握了修理蒸汽機的技術，最終被提升為煤礦的工程師。史蒂芬生利用這個機會，開始了對蒸汽機的改進工作，將機車的體積大大縮小，還將機車噴出的蒸汽引進煙筒，從而增大了機車的引力。一八二五年，史蒂芬生終於試製成功了世界上第一台能夠使用的蒸汽機車「旅行」號。在世界上第一條鐵路的通車典禮上，史蒂芬生親自駕駛的，正是這台機車。「旅行」號機車現陳列於達靈頓鐵路中心暨博物館（Darlington Railway Centre & Museum），編號為“No.1”，也就是第一號。史蒂芬生也因此被人們尊稱為「蒸汽機車之父」。

達靈頓與斯托克頓之間的鐵路全長只有三一・八公里，但正是這短短的三一・八公里卻開闢了一個鐵路交通的新時代。作為世界上第一條鐵路，斯托克頓—達靈頓鐵路（Stockton & Darlington Railway）就這樣永遠成為了那個關於蒸汽時代的記憶。

蒸汽時代的賽跑

在十九世紀初，利物浦（Liverpool）和曼徹斯特（Manchester）是英國最重要的兩大城市，每天都有大量的旅客和貨物往來其間，大機器生產需要運進大批原料並及時把堆積如山的產品運到各地，人力、畜力和簡陋的運輸工具無法勝任這一艱難的工作。斯托克頓—達靈頓鐵路的出現使人們看到了希望，於是決定修建鐵路來貫通這兩大城市。一八二九年四月，利物浦—曼徹斯特鐵路（

Liverpool & Manchester Railway）委員會宣布將舉行一次競賽，以決定最佳的機動車輛。試驗要求每種機車牽引一列滿載石子的車輛在長達三千公尺的路上往返二十次，車上的載重量則為機車的三倍。優勝者可以獲得五百英鎊獎金，這在當時可是一筆不小的數目。史蒂芬生也駕駛著他最新研製的「火箭」號（*Rocket*）機車參加了比賽。

那該是蒸汽時代值得書寫的另一個時刻。只要有著足夠的勇氣，任何人都可以坐上列車去體驗一種由速度帶來的刺激。女演員范妮・肯布爾（Fanny Kemble，本名Frances Anne Kemble）就是這些最有勇氣的人之一，當然，她所擁有的不僅是勇氣，還有著太多的好奇，正是這樣的力量讓她坐上了「火箭」號，並坐在了史蒂芬生的身旁。她曾在事後這樣回憶說：「機車以全速前進，那種感覺真是難以想像。……我站起來，除去軟帽，盡情吸入迎面吹來的空氣，……強風使得我的眼睛睜不開來。……當我合上眼睛時，我感覺自己彷彿正在飛行，心中的喜悅和驚奇實在不是言語所能形容的；雖然如此驚奇，但我有絕對的安全感，並無絲毫恐懼。」

一八三〇年九月，四十八公里長的利物浦至曼徹斯特鐵路開通，客貨兩用，很快成為英國棉紡織工業原料和成品運輸的交通動脈。在這條鐵路上，客人們坐在露天的車廂裡，遠處是工廠和運河，鐵路正好可以同運河連接起來，使交通更為便利。在十九世紀三〇年代，利物浦—曼徹斯特鐵路可謂大出鋒頭。在一八三〇年的最後四個月中，它共運載七萬人次旅客，一八三一年的運輸總收入竟然高達五十萬英鎊。

有意思的是，一八三〇年八月二十八日，在美國巴爾的摩港也舉行了一場特殊的賽跑：一位名

參加比賽的史蒂芬生與「火箭」號機車

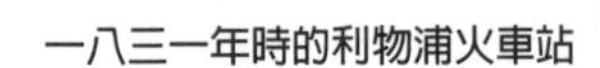

一八三一年時的利物浦火車站

一八六九年竣工的大鐵路，為美國西部的開發起到了關鍵作用。

叫彼得·庫伯（Peter Cooper）的人製造了一輛新的蒸汽機車，於是向當地一家斯托克頓—斯托克斯馬車公司（Stockton & Stokes stagecoach company）的老闆發出挑戰，要與他們的一匹非常出色的「灰馬」決一高下。

比賽開始了，由於火車啟動慢，馬車領先了四百公尺。但是不一會，機車就達到每小時二十四公里的正常速度，迅速趕上了灰馬。然而正當勝利在望之時，機車卻出了故障：機車鼓風機的皮帶從滑輪上脫落，速度一下子就慢了下來。「灰馬」最終贏得了這場比賽的勝利。儘管如此，人們卻已從中見識了蒸汽機車的實力。

歐美，疾馳在蒸汽動力至上的新時代

當汽笛長鳴劃破田園牧歌的寧靜，整個西方也都被鐵路帶入了一個新的工業時代。鐵路運輸的出現和發展，不僅大大降低了長距離商品運輸的成本，引起了交通運輸領域的革命，而且帶動了冶金、採礦、煤炭、製造等眾多行業的迅速發展。於是，整個歐洲及北美不久就掀起了修建鐵路的高潮。

數字當然是枯燥的，但在許多時候，數字往往也是最能說明問題的。據統計，到一八三二年，英國已經擁有了二十四條商用鐵路。到了一八三三年，英國開採的每一塊煤在運往市場途中總有一部分路程要依靠火車。從一八二五年到一八七〇年，短短的四十五年裡，一個密集的鐵路交通網已

一八七〇年，最早的美國地下鐵路在紐約通車。

在英國形成，通車里程超過一萬三千英里。

鐵路交通在一八三〇年進入了年輕的美國。一八六〇年，美國的鐵路總長度達到三萬零六百三十英里，成為世界上鐵路交通最發達的國家。對好奇的美國人來說，火車充滿了吸引力，它的速度、便捷和平穩大大超過了四輪馬車。每當火車開動，小孩和成人都跑到火車站睜大眼睛觀看。戴著鴨舌帽、穿著斜紋粗布服裝的操縱火車節氣閥的火車司機，在整整一個世紀中成為美國民眾所熱愛的火車的美好象徵。

其他西方國家也不甘落後，一八三二年，法國開始修建第一條鐵路，一八六〇年法國的鐵路里程是五千八百五十英里。德國一八三五年底才建造了第一條很短的鐵路，但是，一八六〇年她的鐵路總長度已經達到七千一百八十英里。俄國的第一條鐵路於一八三六年通車，但是發展相對緩慢，到一八六五年，俄國的鐵路長度為三千七百一十公里。貫通全國的鐵路網，使這些國家的經濟獲得了強大的助推器，使世界經濟格局發生了巨大變化。

鐵路來到了中國

當鐵路帶著歐美經濟一路前行時，中國的一些有識之士也正密切關注著這一新生事物。林則徐的《四洲志》（一八三九）、魏源的《海國圖志》（一八四四）、徐繼畬的《瀛環志略》（一八四八），都記載了歐洲各國建設鐵路的情況。

而就在一部分中國人放眼世界之時，洋人們也看中了中國這塊市場。

一八六三年（同治二年）冬，正在上海、蘇州一帶同太平軍打仗的李鴻章收到上海二十七家英法美洋行老闆的聯名信，提出要在上海至蘇州間修建鐵路，以用於攻打太平軍。李鴻章把這個建議報給了總理衙門。可是，這等「奇技淫巧」由於不合大清的「祖宗成法」，自然無法得到批准。

一八六五年（同治四年），一個名叫杜蘭德的英國商人在北京城宣武門外的空地建造了一條長約五百公尺的窄軌鐵路，在上面試行了小火車。但當火車汽笛響起時，北京市民卻對火車充滿了驚異和恐懼，《清稗類鈔》曾記述說：「英人杜蘭德於同治乙丑七月，以長可里許之小鐵路一條，敷於京師永寧門外之平地，以小汽車駛其上，迅疾如飛，京人詫為妖物。旋經步軍統領飭令拆卸，群疑始息。」這裡提到的「小汽車」就是一台小型蒸汽機車。不過，就是這麼個小東西卻引起了京城官民的驚懼，直到它被帝國的步軍拆毀，中國人這才放心地長吐了一口氣。

是年七月六日的《中外新聞七日錄》報導說，「西人欲在羊城（廣州）造一火輪車路先通至禪山」，之後向湖北漢口延伸。就在同一天的這份報紙上還刊登了另一篇文章〈火車論〉，向中國人詳細地講解了鐵路的好處：

> 考火輪車為之有用，快逾奔馬，捷勝飛禽，每一點鐘可行一百二十里。其務求平穩，不尚疾馳者，亦常行八九十里。若由省抵禪，不過四個番字之久，便可到埠矣。車內上客位，窗明几淨，鋪設整齊，坐臥行走，皆綽有餘地。其由省至禪者，每位約收銀七分。次客位宛似火輪船之大艙，亦可坐立，但人數眾多，頗形狹隘，其由省至禪者，約收銀五分。將來此路告成，不特省垣百貨流通，即四鄉土產，亦必流暢。蓋百物往來，瞬息可至，貨腳鮮浩繁之慮，客身無昂貴之虞。且彼埠所無者，即來此埠運去，此埠所缺者，即來彼埠返來，以有易無，交相貿易，日行千里，絕不廢時，將見趙璧梁珠，悉羅市肆；南金東箭，盡萃民廛。羊城生意興隆，可拭目而待矣。

但是不知何故，這個計畫最後依然沒有成為現實。

一八六六年（同治五年），英國駐上海領事威妥瑪（Thomas Francis Wade）向清政府表示，由於黃浦江淤塞，大型船隻未能停靠上海，議請准許修建由吳淞至上海的鐵路，以便船隻泊於吳淞，再以陸路通上海，卻未獲批准。可是，一八七五年（光緒元年），上海的英國怡和洋行以修路為名，取得修建「吳淞路」的准許。次年一月，開始鋪軌，一個月後首次試車，數千人觀看了火車試行。上海道臺馮焌光到此時方知上當，下令英商暫停興建鐵路，以便請旨再議。但英商方面並未對此做出答覆，而是繼續餘下的工程。同年四月，建造工程完工。六月十二日，英商以「天朝」號（*Celestial Empire*）機車試車，創下時速二十五英里的紀錄。

然而，這條鐵路卻是命運多舛。

重金買回的「廢鐵」

當地人很快就發現，鐵路和火車影響了一方的寧靜。更要命的是，它還破壞了祖墳風水。一個多月之後的八月三日，一名行人被火車軋死。據史料記載，這名行人當時面向鐵路行走，當火車迎面駛來時，他一度走下了鐵路，但是當火車行至跟前時，此人卻又再度走入軌道。在清政府官員要求下，鐵路停駛，火車司機英國人班克斯（David Banks）則被控誤殺，交英領事裁判。據他表示，火車已鳴笛示警，不知遇害人何故離開路軌後復回軌上，懷疑他是故意自殺。結果，這名司機被判無罪釋放。

這件普通的交通事故當時震驚了清廷上下，拆毀鐵路的呼聲一時極為高漲。對於鐵路的最終歸宿，朝廷指派李鴻章與兩江總督兼南洋通商大臣沈葆楨議定一個妥善解決之法。李鴻章派朱其詔、盛宣懷二人前往上海，與英方代表梅輝立（William Frederick Mayers）談判，最後以二十八萬五千兩白銀的價格，將吳淞鐵路買回。全部款項於一年半的時間中分三期付清，在此之前鐵路繼續營業。根據這一協定，吳淞鐵路於當年十二月一日重開，並一直運行至一八七七年（光緒三年）十月。

吳淞鐵路開通日的「天朝」號機車和列車

一八七六年七月起在吳淞鐵路上運行的「天朝」號機車，
堪稱中國鐵路機車的鼻祖。

十月二十日，清政府付清所有款項，最後一班火車亦於當日下午開出。在一年多的營業時間裡，這條鐵路共運送了十六萬多人次，讓怡和洋行大賺了一筆。

在以白銀買回吳淞鐵路一事上，李鴻章與沈葆楨之間意見並無分歧，但是買回來以後如何處理，兩個人卻發生了很大的意見衝突。李鴻章主張由華商集股，繼續經營該鐵路。但沈葆楨卻不以為然，力主將其拆毀。

沈葆楨的主張最終決定了吳淞鐵路的命運。這條以重金買回的鐵路最終被拆毀，鐵路器材隨後運往臺灣，準備在那裡重新使用。可是，由於阻力太大，這一計畫最終也未能付諸實施。那些鐵路器材自此便被棄置海邊，最終在日復一日的風雨侵襲中慢慢鏽蝕，變成了一堆廢鐵。

中國境內的第一條鐵路，就這樣無聲無息地消失了！

艱難的爬行

儘管修建鐵路的計畫一再受挫，但中國的有識之士們並沒有輕易放棄。作為洋務派的代表人物，李鴻章更是對此有著一腔熱情。一八七九年（光緒五年），李鴻章向清廷奏准，修築唐山至胥各莊的鐵路以便運煤。但保守力量卻以唐山靠近東陵（位於河北省遵化市馬蘭峪昌瑞山一帶），鐵路奔馳會「震動陵寢」為由，對這條鐵路的修建橫加反對。結果朝廷收回了原先的批准，第一次努力就此失敗。

一八七九年，李鴻章與美國卸任總統格蘭特（Ulysses Grant）合影留念。

無奈之下，李鴻章想出了變通之法：奏請修建運煤輕便鐵路，聲明為免於震動東陵，不用機車，而用騾馬牽引。之後他又在朝廷各方游說，終獲朝廷通過。一八八一年（光緒七年）初，築路工程開工，是年六月九日開始鋪軌，十一月，全長九・七公里的唐胥鐵路工程就此竣工，中國有了第一條自建鐵路。然而，由於朝廷明令禁止使用蒸汽機車，人們只能以騾馬為動力拖著煤車在鋼軌上前行，在當時被戲稱為「馬車鐵道」。

到了一八八二年（光緒八年），隨著開平煤礦全面投產，馬車鐵道已經無法滿足大量運煤的需要。於是，英國工程師金達（Claude William Kinder）設計製造了一台性能良好的蒸汽機車，並命名為"Rocket of China"（「中國火箭」）。但是它僅僅運行了幾週時間，京城就得到了消息，在保守力量的阻撓下，「中國火箭」夭折了。

更令李鴻章操心的事還在後頭，這就是天津到通州的鐵路的修建。就在他提出修築這條鐵路之後，數十位大臣即上奏要求停建，更有人指責李鴻章是「為敵縮地，方便西人」、「必雇洋匠，金錢外流」。李鴻章明白，要使鐵路真正進入中國的土地，慈禧的態度是至關重要的，只有讓她「親試火車之便」，一切才可能終獲轉機。於是他請法國工程師專門設計製造了一件送給慈禧太后的禮物：六節精美的火車車廂。而在西苑，一條三華里的鐵路已然鋪就。

那次行駛大概是鐵路交通出現以來最奇特的一次經歷：拖著列車行進的不是蒸汽機車，而是宮裡的太監，這是因為太后不喜歡機器弄出的響動。當時的人留下了〈詠史〉詩道：「宮奴左右引黃幡，軌道平鋪瀛秀園，日午御餐傳北海，飆輪直過福華門。」

那是蒸汽動力大出鋒頭的時代，鐵路交通正引領著歐美國家一路飛奔，而在中國這片古老的土地上，鐵路卻只能如此艱難地一公里一公里地向前爬行。在隨後的日子裡，唐胥鐵路一路延伸著，一八八八年（光緒十四年），鐵路已經通到了天津。那一年，李鴻章已六十六歲，據後來的記載說，十月九日（陰曆九月初五），唐津鐵路（又稱津沽鐵路）通車典禮上的李鴻章表情嚴肅，甚至有幾分悲壯。

鐵路交通的快捷曾令一位體驗過這條鐵路的小官員——漠河金礦文吏宋小濂——頗為驚異，那一日，火車「於清晨起行，日方晡，即抵天津。電掣星馳，快利無比。然極快之中，仍不失為極穩。有時由窗中昂頭一望，殊不覺車之顛簸，但見前途之山水村落如飛而來；不轉瞬間，而瞻之在前者，忽焉在後矣。嘻！技亦神哉！」

在甲午戰爭爆發前，中國這片土地上終於有了約六百餘里的鐵路，每延伸一里都伴隨著太多的阻力和艱辛，而此時，在一水之隔的島國日本，火車已遍布全國了。

一八八二年，開平礦務局胥各莊修車廠按照英國工程師金達的設計圖紙和指導，利用絞車鍋爐、蒸汽機及鋼鐵材料，自行組裝成「中國火箭」號機車。其水櫃兩側各鑲嵌了一條黃銅的飛龍圖案，十分顯目。

一八八八年十月九日，李鴻章（前排中央）親乘火車查驗唐津鐵路工程，主持通車儀式時，與出席的官員們在唐山車站合影。

別有用途的「玩具」

許多年之後，當人們重新翻開那段歷史的時候，可以在某個角落裡找到這樣兩條鐵路：當其他鐵路在中國這片古老的土地上步履蹣跚，它們卻行進得如此安然。若要深究此中緣由，只因為它們與某一個特定的人相關。

光緒皇帝，這位年輕而孤獨的皇帝儘管坐在太極殿裡的寶座上，但是由於慈禧太后「垂簾聽政」，光緒幾乎沒有任何實際權力，他所能做的幾乎只是怎樣打發那些乏味的歲月。美國人何德蘭曾記述了這樣一段往事：

> 光緒皇帝聽說外國人發明了一種「帶火輪的車」。外國人曾在上海附近的吳淞修建了一小段鐵路，後來中國人買下來拆掉，扔進了河裡。光緒皇帝是否聽說過這件事，我們說不好。皇上手下的人做的很多事，恐怕永遠也不會傳到他耳朵裡。不管怎麼說，當光緒皇帝聽說了這種「帶火輪的車」以後，就非要火車不可。最後，手下人只好在紫禁城蓮花湖兩岸修了一段窄窄的鐵路，又從歐洲的工廠特製了兩小截車廂，一個蒸汽機車頭，這樣光緒皇帝就可以經常帶著妃子乘坐這個小火車遊樂了。

而另一樁與火車有關的故事則與慈禧太后有關：一九〇二年一月七日（光緒二十七年十一月二

一九〇三年春，為了送慈禧去清西陵祭陵，清廷突然修築了一條三十七公里的新易鐵路（高碑店至易縣），並開出了由十七節車廂編組的「龍鳳專列」。這幅圖片中的機車，就是牽引過慈禧專列的蒸汽機車。

據說光緒皇帝曾在宮中修一小段鐵路，從國外買來小火車，以便他經常帶著妃子乘車遊樂。

歷經幾番風雨和曲折，鐵路終究走入了中國，成為日常生活的一部分。

十八日），結束逃亡的慈禧從保定乘火車返回北京，這一次經歷，火車給她留下良好的印象，她提出，兩年後（指光緒二十九年三月清明）要坐火車到西陵（位於河北省保定市易縣以西）祭陵。於是清廷緊急籌措修建京漢鐵路高碑店站到梁各莊皇陵的支線。時任關內外鐵路總辦的梁如浩主持此事，他推薦了詹天佑。詹天佑沒有令同為留美幼童的梁如浩失望，在不易施工的冰天雪地，指揮工程迅速完竣。這是中國人第一次獨立修築的鐵路。它全長只有三十七公里，大概也是唯一一條為一個人祭祖修築的鐵路了。

命運多舛的鐵路，就像這個命運多舛的國度；中國早期鐵路的興衰盛廢，無疑折射出了近代中國從落後苦難走向文明自強的艱難歷程。幾番風雨，幾多曲折，步履維艱，卻有一種出人意料的生命力與堅持。這樣的一段歷史，誰能輕易就忘記呢？

兩個女人的時代
慈禧太后與維多利亞女王

西元一九〇〇年
清光緒二十六年

一九〇〇年，當新世紀的曙光升起的時候，東方最大帝國的統治者慈禧太后正在逃亡西安的路上顛沛奔波。在她的身後，留下的是被英、法、德、奧、義、日、俄、美八國聯軍占領的紫禁城。這個雄偉壯麗的龐大建築群，從明代永樂年間開始就一直是中國帝皇統御天下之居所，現在卻淪為了外國兵士搶劫珍寶的樂土。

而在遙遠的倫敦白金漢宮（Buckingham Palace）裡，西方最大帝國的統治者——維多利亞女王（Queen Victoria, Alexandrina Victoria）也正在度過其漫長的一生中最後的日子。白金漢宮是英國王室權力的象徵，維多利亞女王是居住在這裡的第一位君主。正是在這裡，她見證了「日不落帝國」的輝煌。

慈禧與維多利亞，這是當時世界上最有權勢的兩個女人，卻在世紀之交遭逢兩種不同的命運，隱藏在她們命運背後的，則是兩個帝國的興衰。這，正是一個時代的象徵。

「日不落帝國」的女王和東方帝國的太后

一八一九年五月二十四日，維多利亞降生在倫敦肯辛頓宮（Kensington Palace）。她的父親是肯特與斯特拉森公爵愛德華親王（Prince Edward Augustus, Duke of Kent and Strathearn），當時的英國國王喬治四世（George IV）的弟弟，她母親維多利亞公主（Princess Victoria of Saxe-Coburg-Saalfeld）則出身於一個歷史十分悠久的德國王族。在維多利亞剛剛八個月的時候，她的父親便去世了。從此，她在母親的德國環境中長大，在舅父比利時國王利奧波德一世（Leopold I）的監護下接受教育。

一八三七年，在萬衆注目之下，年輕的維多利亞戴上了王冠。

一八三七年六月二十日，英國國王威廉四世（William IV）病逝，身後沒有留下任何子女。在他父親喬治三世所留下的大批孫子孫女中，只有維多利亞為合法婚姻所生。於是這天，十八歲的維多利亞一覺醒來，就被告知她已成為英國的新君主。

面對這一命運的轉折，年輕的維多利亞心裡多少有些忐忑不安。里敦・斯特萊切（Giles Lytton Strachey）在《維多利亞女王傳》（*Queen Victoria*）中有這樣一段細節：「當她第一次上朝以後，她走過接待室，看見她的母親在那裡等她，她就說：『現在，媽媽，我的的確確是女王了嗎？』『你看，親愛的，可不是這樣嗎？』『那麼，親愛的媽媽，我希望你答應我做了女王後對你的第一次的要求，讓我自己待一個鐘頭。』她獨自待了一個鐘頭。於是她出來了，發一道重要的命令：把她的床搬出她母親的房間。」

一八四〇年，維多利亞和她的大表弟艾伯特親王（Prince Albert of Saxe-Coburg and Gotha）結婚。這是一段幸福美滿的婚姻，作為母親，維多利亞女王共生有九個兒女，他們分別和歐洲各國王室聯姻。到了十九世紀末，維多利亞已經有三十七個曾孫輩的孩子，他們遍布於歐洲各國，幾乎每個歐洲國家的王室都有她的血脈，她也被尊稱為「歐洲的祖母」（"Grandmother of Europe"）。

與維多利亞女王不同，慈禧太后並非出身皇室，而是來自滿洲貴族葉赫那拉氏。這位安徽徽寧池廣太道道員惠徵的女兒，於一八五二年（咸豐二年）被選入宮，封蘭貴人。一八五六年（咸豐六年），她為咸豐皇帝生下了他唯一的兒子載淳，從此母以子貴，於次年被封為懿貴妃，在宮中的地位僅次於皇后鈕祜祿氏。

一八六一年（咸豐十一年）對於葉赫那拉氏的政治生涯來說是一個重要的年分。當年八月，咸豐皇帝病死在熱河避暑山莊，六歲的載淳繼位。葉赫那拉氏和鈕祜祿氏同時被尊為皇太后，徽號慈禧、慈安。咸豐臨死前，曾指定怡親王載垣、鄭親王端華、戶部尚書肅順、御前大臣景壽、軍機大臣穆蔭、杜翰、匡源、焦祐瀛等八人為「贊襄政務王大臣」，全權處理朝政。慈禧對顧命八大臣的維多利亞女王和丈夫艾伯特親王，兩人感情深厚，婚姻美滿，共度了二十載幸福時光。

維多利亞女王與子孫們在庭園中合影。她被尊稱為「歐洲的祖母」。

慈禧太后晚年寫真。她是近代中國最有權勢的女人，統治大清帝國近半個世紀。

專權非常不滿，這年十一月，她聯合咸豐皇帝之弟恭親王奕訢等人，在北京發動「辛酉政變」，將載垣、端華、肅順處死，其他五人革職或遣戍，改年號為「同治」，實行兩太后「垂簾聽政」。這一年，慈禧二十六歲。從此，這個女人走向了清朝政治舞台的中央。

一八七五年（同治十三年），載淳病死，這位年輕的同治皇帝沒有留下子女。慈禧立自己四歲的姪子載湉為帝，年號「光緒」，繼續與東太后垂簾聽政。一八八一年（光緒七年），東太后突然死去。不久，奕訢亦被免職，自此，慈禧開始獨掌朝政。在後來的二十多年時間裡，她將權柄牢牢地握在自己手中，成為清朝事實上的最高統治者。

對於維多利亞女王來說，一八六一年也同樣是一個命運的轉捩點。這一年，維多利亞的丈夫艾伯特親王不幸去世，對於曾與丈夫共度二十載幸福時光的維多利亞來說，這無疑是一個巨大的打擊。她最終傷心地離開了倫敦，從

身著寡婦裝的維多利亞女王

此深居簡出，很少出現在公眾面前。即使出現，也總是一身寡婦打扮。也許是因為糟糕的心情，也許是擔心自己的情緒會影響政治判斷力，也是從那時起，維多利亞對英國政治漸少過問，首相的權力因此漸漸增大，這使得英國的君主立憲制更趨完善。她似乎正在淡出英國政治，但人們依然會像往常那樣時時地提起她——在街巷中，在咖啡館裡，在一些集會上，維多利亞女王曾經的輝煌歲月和她對君主立憲制的貢獻，都使得這位女王愈發受到英國人的普遍敬重。

輝煌的年代

維多利亞女王是英國在位時間最長的君主，也是第一個獲得「大不列顛和愛爾蘭聯合王國女王」（"Queen of the United Kingdom of Great Britain and Ireland"）和「印度女皇」（"Empress of India"）頭銜的英國君主。在維多利亞女王統治下，英國成為一個強大的帝國，並不斷發展壯大。英國不但獲得了蘇伊士運河（Suez Canal）的控制權，還在自己的殖民地版圖中增加了印度——帝國王冠上的一顆明珠。她在位的六十三年，正是英國最強盛的所謂「日不落帝國」時期，這個時期最突出的標誌之一甚至一直延續到了今天——世界上許多河流、湖泊、沙漠、瀑布、城市等都是以維多利亞命名的，這一時期也因此被稱作維多利亞時代（Victorian era）。

維多利亞時代被認為是英國工業革命的頂點時期，也是大英帝國經濟文化的全盛時期。蒸汽機船的出現使得運輸和貿易達到了前所未有的繁榮興旺，四通八達的鐵路網貫穿東西南北。「鐵達尼

「鐵達尼」號堪稱維多利亞時代的標誌

」號（RMS *Titanic*）那龐大的身軀以及船上結構嚴密的大機器，幾乎就是那個時代的標誌。但是，維多利亞時代決不僅僅是科技與經濟迅猛發展的年代，因為無論是藝術還是文學，抑或是人們的生活，都在那一時期發生了巨大的變化，並逐漸形成了獨特的風格。那是古典主義、新古典主義、浪漫主義、印象派、後印象派紛紛湧現的年代，也是文學史上星光璀璨的年代。直到今天，這個時代仍然被許多英國文學家和劇作家懷念，並成為許多文學作品的背景。

很少為人所知的是，英國人的下午茶習慣也來自維多利亞時代。據說，維多利亞女王的女侍從官——貝德福德公爵夫人安娜（Anna Maria Russell, the 7th Duchess of Bedford）每到下午四點就會覺得很餓，便讓僕人拿些小茶點來吃。結果，許多人紛紛效仿，下午茶漸漸成為一種例行儀式。

一八九七年，維多利亞女王登基六十年紀念。其場面之盛大，令人歎為觀止。在慶典的遊行過

維多利亞女王登基六十年紀念慶典

一九〇〇年時的維多利亞女王。面對一個全新的世紀，一代女王究竟在思索些什麼呢？

登基六十周年時的女王像

程中，兩邊向她歡呼的人竟排出六英里長。但那並不僅僅是一次盛大的慶典，還有諸多感人的細節令人久久回味。里敦・斯特萊切在《維多利亞女王傳》中曾記述說，那一天，「當輝煌的儀仗，護送維多利亞經過擁擠的、哄動的倫敦街市，前往聖保羅大教堂（St. Paul's Cathedral）行感恩禮的時候，她的王國的偉大、她的臣民的崇仰，一齊放出光芒來了。眼淚湧到了她的眼中；當群眾在她的周圍歡呼的時候，『他們對我多麼好！他們對我多麼好！』她說了又說，說了又說。當夜她的答謝詞傳遍了帝國：『我衷心感謝我所熱愛的人民。願上帝給他們賜福！』路程差不多完結了。可是旅人，來自那麼遠的地方，身受了那麼些奇異的經驗，仍然以穩定的步伐進行下去。少女，夫人，老婦，始終如一：有生氣、有責任心、驕傲、率直，永遠是她的特色，一直到最後。」

維多利亞女王於一九〇一年一月二十二日去世，但「維多利亞時代」並未因此而結束。按照許多歷史學家的看法，這個時代一直延伸到一九一四年第一次世界大戰爆發的時候方才結束。

「一人慶有，萬壽疆無」

當英國進入經濟文化全盛的維多利亞時代的時候，大清帝國卻正在風雨飄搖中日漸衰落。一八六一年，慈禧開始了她的第一次垂簾聽政。這時，大清帝國早已成了一個爛攤子。太平天國、捻軍等民亂前仆後繼，幾乎徹底顛覆了清朝的統治。而外國侵略者的步步進逼，更是讓孱弱的中國無從抗拒：一八八四年（光緒十年），中法戰爭；一八九四年（光緒二十年），中日甲午戰爭……所有這些戰爭均以失敗告終。一系列喪權辱國的條約的簽訂，將大清帝國一步步推向了崩潰的邊緣。

面對危局，慈禧也曾做過一些努力：她破除滿漢界限，大力起用曾國藩、李鴻章、張之洞等一批得力的漢大臣；在洋務運動期間，慈禧接受了洋務派「自強」和「求富」的主張，開辦了一些新式工業，大力訓練海軍和陸軍，給清朝帶來了短暫的「同光中興」。

慈禧在頤和園仁壽殿前乘輿照。前排為總管太監李蓮英（右）、崔玉貴（左）。

可是當時光流轉，人們記住的或許更多的是：就在國家危難之際，慈禧卻一擲千金，為自己作壽！

一八九四年十一月七日（光緒二十年十月初十），是慈禧的六十大壽。就在當年夏天的甲午海戰中，大清國喪師失地，北洋艦隊全軍覆沒。然而，這並不能使慈禧對作壽的熱中減少一分一毫。事實上，為了舉行這次萬壽慶典，朝廷早在兩年前即已開始著手籌備。為了籌集足夠的款項，從朝廷到地方，各級官員們真是使盡渾身解數。原本用於邊防軍需以及鐵路的款項被挪用了三百萬兩，專供慶典之用。而在地方，「由戶部行知各直省督撫，量力籌解，以供需要」。據檔案記載，宗室王公、京內各衙門、各省督撫將軍等文武官員，報效慶典需銀一百二十一萬餘兩，報效工需銀共一百七十六萬餘兩。當白花花的銀兩紛紛流入那場浮華的壽筵之時，浮華背後的衰朽與無奈也漸漸暴露得愈加地明顯了。

非常具有象徵意義的是，就在慈禧六十大壽的當天，日軍攻占了大連。當時有人作了一副對聯：「一人慶有，萬壽疆無」，其中的諷刺意味當然是再明白不過了，但誰又能說它不是一聲無可奈何的歎息呢？

但是更有諷刺意味的，是有著鮮明反差的事實——慈禧雖然十分熱中於作壽，但她的幾次大壽卻都沒能舒舒服服地過：五十大壽那一年，中法戰爭爆發；六十賀壽慶典，趕上了中日甲午戰爭。假如老天真能知曉人間的悲喜，這是否正是上天對慈禧發出的一次次警示呢？

逃亡之路

但是對於這一次次的警示，慈禧卻從不曾注意，或者是視而不見。於是，當再一次的災難來臨時，她將不得不面對她一生中最狼狽的遭遇：一九〇〇年（光緒二十六年），當八國聯軍打進北京之時，這位曾享盡世間繁華的最有權勢的女人，踏上了逃亡之路。

一九〇〇年，中國發生了兩樁大事，第一件大事是義和團運動，第二件大事則是八國聯軍入侵中國，使中國大地遭受了一場可怕的洗劫。而這兩件大事又是完全聯繫在一起的。

義和團運動首先興起於山東、天津等地。面對深重的民族危機，他們打出了「扶清滅洋」的口號。一九〇〇年初，在得到慈禧太后的招撫和默許後，義和團大量湧入北京，開展了大量的排外活動。當時，以端王載漪為首的排外勢力在清政府內占據上風。各國公使眼看清政府已無法控制形勢，便策畫直接出兵干涉。

五月二十八日，英、法、德、奧、義、日、俄、美八國在各國駐華公使會議上正式決定聯合出兵鎮壓義和團，並以「保護使館」的名義調兵入京。五月三十日至六月二日，八國的海軍陸戰隊四百多人，陸續由天津乘火車開到北京，進駐東交民巷。隨後，各國繼續向中國增兵，各國軍艦二十四艘集結大沽口外，聚集在天津租界的侵略軍達二千餘人。

一九〇〇年六月十日，外國侵略軍二千多人在西摩爾（Edward Hobart Seymour）率領下，由天津租界向北京進犯，並同時進攻天津城。七月十四日，天津失陷。隨後，聯軍繼續向北京進攻。

侵略者的砲火嚇破了慈禧的膽

一個義和團「拳民」。他手中拿著寫有「欽命義和團糧臺」字樣的旗幟。

。八月七日，清政府任命慶親王奕劻和李鴻章為全權大臣，正式向外國列強乞和，但是盼來的卻不是停火，而是日益逼近的八國聯軍。八月十五日清晨，慈禧與光緒皇帝經過一番化裝之後，乘著騾車倉皇逃出了北京城。

關於此番行程之狼狽，作家王樹增在《一九〇一》中這樣寫道：

> 慈禧逃亡的第一天住宿在一個叫做貫市的小村鎮，距離京城七十里。村鎮裡的百姓無論如何也不相信這些人是皇室成員，尤其不相信那個披頭散髮的農家老太太是皇太后，而那個像患了癆病一樣的小夥計是當今的皇上。但是帝國的百姓認識銀子。李蓮英捧著碎銀子收購百姓家的食物，只要是能吃的，生熟不論，什麼都要，全部一手交錢一手交貨。收購來的最精美的食物是窩頭和大麥粥，於是先給太后和皇上呈上去。餓了一天的慈禧和皇上急忙咬了一口，覺得雖然粗糙得嚥不下去，但還是有一股驚人的甜味。
>
> 太后和皇上吃完了，剩下的食物才賞給其餘的人。王公、格格、大臣們以及車夫、兵士，所有的人都已餓得眼花繚亂，於是立即蜂擁而上，風捲殘雲一般，所有能夠充飢的東西片刻便被一掃而光。
>
> 當晚，慈禧一行睡在村鎮旁邊的一座破廟中。所有的皇室成員橫七豎八地躺在地上睡了，只有慈禧和光緒母子倆算是有一張「床」——一條大板凳。他們兩個就這樣背靠背坐著，誰也不說話，一直坐到天亮。

清廷派慶親王奕劻（右一）和李鴻章（右二）為全權大臣，出面與列強議和。

八國聯軍攻打北京，兵臨城下。

第二天，依舊是整整一天的顛簸。沒有食物。晚上還是在路邊的一座破廟裡睡覺。「時天漸寒」，太監們到處「求臥具不得」，好不容易遇到一戶人家，婦人卻以被子「濯猶未乾」為藉口拒之。慈禧堅持不住了，她躺在了地上。

半夜，慈禧突然在夢中驚叫起來，連她自己都被這叫聲驚醒了。

經過兩個多月的顛沛流離，十月二十六日，慈禧一行終於來到了古都西安，開始了長達一年又四個月的流亡生涯。

等待慈禧的仍然是無窮的屈辱。一九〇〇年十二月，列強各國（除了出兵的八國外，又加上比利時、荷蘭、西班牙三國）向清政府提出《議和大綱》，後又訂立詳細條款。毫無談判餘地的清政府無可奈何，只能全盤接受，於一九〇一年九月七日（光緒二十七年七月二十五日）在北京正式簽字，史稱《辛丑條約》。

《辛丑條約》的主要內容有：懲辦「得罪」列強的官員；派親王、大臣到德國、日本賠罪；明令禁止中國人建立和參加「與諸國仇敵」的各種組織；向各國賠款四億五千萬兩白銀（這個侮辱性的數字是根據當時中國四億五千萬人口每人一兩銀子算出的），分三十九年付清，本息九億八千萬兩白銀；在北京東交民巷一帶設使館區，各國可在使館區駐兵，中國人不准在區內居住；拆毀大沽砲台以及北京至天津海口的砲台；各國可以在北京至山海關鐵路沿線駐兵。

《辛丑條約》是中國近代史上賠款數目最龐大、主權喪失最嚴重、精神屈辱最深沉的不平等條約。至此，中國完全淪為半殖民地。

繁華或落寞

一九〇八年十一月十五日（光緒三十四年十月二十二日），慈禧病逝，次年（宣統元年）被葬入了耗時十三年之久、當時才剛剛全面重修完工的菩陀峪定東陵。在她的神牌上，寫著她的謚號：孝欽慈禧端佑康頤昭豫莊誠壽恭欽獻崇熙配天興聖顯皇后，共二十五字，為清歷代皇后之最。

令人感歎的是，僅僅二十年後，菩陀峪定東陵即被以孫殿英為首的盜墓者洗劫，價值上億的陪葬珍寶被盜。孫殿英盜墓時使用炸藥炸開了墓門，然後毀壞了外槨，撬開了內棺，將慈禧的屍身抬出，扔到仰放的槨蓋上，便於取寶。

在此前七年，維多利亞女王在懷特島（Isle of Wight）去世，當時她的身邊站滿了子孫。聽到她的死訊，整個英國都陷入了深深的悲痛之中，因為他們知道，一個值得紀念的時代結束了。

慈禧太后與維多利亞女王，她們似乎處在同一個時代，但際遇卻是如此不同。一個站在舊時代的末路，日漸式微；一個則站在新時代的跑道，蒸蒸日上。而所有這些又在新世紀的曙光即將升起的時刻變得如此真實，如此地不留餘地。

正像一滴水珠可以折射太陽所有的顏色，一九〇〇年，這個年分所濃縮的是兩個女人的命運，兩個帝國的興衰，還有，時代的滄桑變遷。

慈禧太后出殯時的盛大場面

維多利亞女王葬禮時的倫敦街頭

國家圖書館出版品預行編目(CIP)資料

天朝墜落的18個瞬間 / 吳燕編著. -- 初版 . --
臺北市 : 遠流, 2016. 1
面 ; 公分. -- (實用歷史叢書)
ISBN 978-957-32-7747-7(平裝)

1. 文明史 2. 比較研究

713 104024688